JN493500

Auf *Deutsch*, bitte!

Deutsch für Anfänger

E.PRESS

책머리에

독일어는 유럽에서 가장 많은 인구가 모국어로 사용하는 언어이다. 현재 인터넷 상에서도 독일어가 영어 다음으로 가장 많이 쓰이는 언어로 각광받고 있다. 또한 독일어권 국가들의 경제 규모와 정치적인 영향력을 인식하고 독일어를 배우고자 하는 사람들이 꾸준히 증가하고 있다. 이러한 현상에 부응하여 독일어권 국가들에서 다양한 독일어 교재가 출판되고 있다. 그럼에도 불구하고 여기에 또 하나의 교재를 내놓는 이유는, 유럽과 상황이 다른 한국에서 학습자들이 비교적 빠른 시간 내에 효율적으로 독일어를 배울 수 있도록 하기 위해서이다.

이 교재의 목적은 독일어를 처음 접하는 대학생들을 비롯한 모든 초보자들의 기초적인 어학 능력과 의사소통 능력을 향상시키는 데에 있다. 이 교재는 한 학기 15주, 총 45시간을 기준으로 편성되었다. 이 과정을 마치게 되면 학습자는 유럽 공통 참조 기준의 A1.1 수준에 도달하고 이는 유럽 공통 인증시험인 Start Deutsch 1의 준비에 도움이 될 것이다.

이 교재는 문자 텍스트 중심의 교재 형태에서 벗어나 삽화와 사진 등의 다양한 이미지를 활용하고, 원어민의 발음을 들을 수 있는 오디오 CD를 첨부하여 시청각적인 학습 효과를 높이고자 하였다. 언어적인 지식 전달뿐만 아니라, 현지 문화에 보다 가깝게 다가가기 위해 일상적인 상황을 중심으로 한 대화를 다루었으며, 인터넷 프로젝트를 통하여 학습자의 능동적인 참여를 유도하였다. 학습자들은 이 교재를 통해 보다 높은 수준의 독해 및 회화를 준비할 수 있을 뿐만 아니라, 유럽 현지에서 독일인과 간단한 대화를 할 수 있는 토대를 갖추게 될 것이다.

이 교재가 이렇게 세상의 빛을 보게 되기까지 도와주신 분들이 많다. 어려운 여건 속에서도 우선적으로 재정적인 지원을 아끼지 않고 많은 관심과 성원을 보내주신 이화여자대학교 독어독문학과의 모든 교수님들께 진심으로 감사의 말씀을 전한다. 독일어 교정과 녹음에 도움을 주신 Rainer Völlmerk 교수님, 집필진의 어떠한 주문에도 언제나 긍정적으로 협조해 주신 일러스트레이터 김미규 씨, 풍성한 사진으로 독일의 이미지를 전달할 수 있도록 도와주신 Volker Goebel 씨와 서울대 홍진호 교수님에게도 고마움을 전한다. 아울러 녹음과 편집 및 CD 제작을 맡아주신 이화여자대학교 멀티미디어교육원 E-Sound Recording Studio와 교재 개발 단계에서부터 출판까지 적극 협력하여 주시고 조언을 아끼지 않은 이화여자대학교출판문화원에 감사드린다.

2008년 2월

이화여자대학교 독일어교재편찬위원회

일러두기

이 교재는 실용적인 독일어를 가능한 한 쉽게 배울 수 있도록 하는 데에 역점을 두고 있다. 교재의 내용으로는 일상생활에서의 기본적인 의사소통에 초점을 맞추어, 자기 소개부터 시작하여 학습자들이 가장 빈번히 마주치는 일상적인 상황과 관련된 주제를 선택하였다.

- 1 · 2 · 3과에서는 개인과 가족 · 직업 등을 다루면서 자신과 밀접한 주변에 관한 표현을 배운다.
- 4 · 5 · 6과에서는 의식주 생활을, 7 · 8 · 9과에서는 쇼핑, 하루 일과 등을 주제로 일상생활과 관련된 표현을 배운다.
- 10 · 11 · 12과에서는 취미와 여가 · 여행 등으로 영역을 확장시켜 보다 다양한 주제에 대한 표현을 배운다.

각 과는 A · B · C · D · E항으로 이루어져 있으며 다음과 같은 특징을 갖는다.

- 각 과의 도입부에서는 그 과의 가장 기초적이고 핵심적인 표현을 질문과 대답 형식으로 제시하였다. 이 도입부의 기능은 다음 단계에서 다루어지는 상황 중심의 대화를 익히기 위한 준비와 연습에 있다. 핵심 표현을 배운 뒤에는 짧은 대화를 변형시키는 반복 연습을 통해 관련 어휘를 보충 · 확대할 수 있게 하였다.
- 이렇게 습득한 표현을 토대로 파트너와의 역할 연습을 유도하여 방금 배운 표현을 실제로 활용할 수 있도록 함으로써 학습자로 하여금 성취감을 맛볼 수 있게 하였다.

● 본문의 마지막 부분에서는 그 과에서 습득해야 하는 어휘와 문형을 종합적으로 활용한 좀더 긴 대화 텍스트를 제시하여, 기초 수준에서 이해할 수 있는 자연스럽고 실제적인 대화 상황을 경험하게 하였다. 이를 바탕으로 구체적인 대화 상황을 학습자 자신의 의도대로 이끌어갈 수 있는 의사소통 능력을 기르도록 하였다. 또한 선별된 기본 문형들과 대화는 오디오 CD로 제작하여 청취력 함양과 발음 교정의 기회를 제공하고, 청취 및 읽기 테스트를 첨가하여 학습자 스스로 자신의 이해력을 가늠해 볼 수 있도록 하였다.

● 문법 편에서는 그 과에서 학습한 문법 사항을 일목요연하게 제시하였고, 활용도가 높은 전형적인 표현을 정리하였다.

● 연습 문제에서는 문법 · 표현 · 어휘를 반복, 응용하고 발음이나 문장의 억양을 연습할 수 있도록 하였다. 연습문제는 학습 단계에 맞도록 배열하여 본문에서 제시한 내용을 그때그때 연습할 수 있도록 하였다. 간간이 게임 형태의 연습문제도 첨가하여 학습 효과를 높이고자 하였다.

● 단어장과 연습 문제 해답을 별책 부록으로 제공한다. 이로써 학습자들이 예습 · 복습을 비롯하여 혼자서도 학습을 할 수 있게 하였다. 교수자는 제한된 강의시간에 학습자들의 수준에 따라 진도를 조절할 필요가 있을 때도 이 부록을 효과적으로 활용할 수 있을 것이다.

이 교재는 핵심적이고 간단한 문장에서 시작하여 단계별로 발전하는 구조로 편성되어 있다. 이러한 구조의 장점을 효율적으로 활용하면 학습자들이 보다 즐겁고 쉽게 독일어를 익힐 수 있게 될 것이다.

INHALT

1

Guten Tag

A ▸▸ Begrüßung und Abschied

B ▸▸ Wie heißen Sie?

C ▸▸ Wie geht es Ihnen?

D ▸▸ Grammatik und Wendungen

E ▸▸ Übungen

A Begrüßung und Abschied

Bitte hören Sie und sprechen Sie nach.

- ● Guten Morgen!
- ■ Guten Morgen!
- ▲ Hallo, Thomas!
- ● Hallo, Sandra!

- ● Guten Tag, Herr Schröder!
- ■ Guten Tag, Frau Bauer!

- ● Guten Abend, Frau Kim!
- ■ Guten Abend, Herr Müller!

- ● Gute Nacht, Thomas!
- ■ Gute Nacht, Sandra!

- ● Auf Wiedersehen, Herr Schröder!
- ■ Auf Wiedersehen, Frau Bauer!

- ▲ Tschüs, Thomas!
- ● Tschüs, Sandra!

B Wie heißen Sie?

2 **Bitte hören Sie und sprechen Sie nach.**

- Guten Tag! Ich heiße Brigitta Bauer. Und wie heißen Sie?
- Guten Tag! Ich heiße Minho Kim.
- Wie bitte? Wie ist Ihr Name?
- Mein Name ist Minho Kim.

Wie heißen Sie?
- Ich heiße ...
Wie ist Ihr Name?
- Mein Name ist ...

- Hallo, wie heißt du?
- Ich bin Sandra. Und du? Wie heißt du?
- Sumin. Ich heiße Sumin.

Bitte ergänzen Sie.

- Guten Tag!
- Guten Tag!
- Wie heißen Sie?
- Ich heiße ______________ . Und wie ______________ ?
- Mein Name ist ______________ .

C Wie geht es Ihnen?

Bitte hören Sie und sprechen Sie nach.

- ● Guten Tag, *Frau Park.*
- ■ Guten Tag, *Herr Brunner*. Wie geht es Ihnen?
- ● Danke, *es geht mir gut*. Und Ihnen?
- ■ *Auch gut*. Danke.

- ◆ Hallo, *Peter*.
- ▲ Hallo, *Anna*.
- ◆ Wie geht es dir?
- ▲ Danke, *gut*. Und dir?
- ◆ *Auch gut*. Danke.

***Variation* :** Herr Lee - Frau Schmidt, sehr gut - es geht ●
Thomas - Sandra, super - mir geht es auch gut

Ordnen Sie bitte zu.

super ● sehr gut ● gut ● es geht ● nicht so gut

4 Buchstaben

A	Be	Ce	De	E	eF	Ge	Ha	I	Jot	Ka	eL	eM	eN
		[tse:]							[jot]				

O	Pe	Qu	eR	eS	Te	U	Vau	We	iX	Ypsilon	Zet
							[fau]	[ve:]			

Ä = a-Umlaut	Ö = o-Umlaut	Ü = u-Umlaut	ß = Eszet
[ɛ:]	[ø:]	[y:]	[s]

Buchstabieren Sie Ihren Namen.

- Mein Name ist Maier, M-A-I-E-R. Und Sie?
- Ich heiße ______________ , ______________ .

D Grammatik und Wendungen

1 W-Fragen und Antworten

Wie heißen Sie? - Ich heiße Andrea Müller.
Wie ist Ihr Name? - Mein Name ist Michael Brunner.
Wie geht es Ihnen? - Danke, gut. Und Ihnen?

2 Verbkonjugation

	heißen
ich	hei**ße**
Sie	hei**ßen**

	sein
ich	**bin**
mein Name	**ist**

3 Wortstellung

Position 1	Position 2	Position 3
Wie	heißen	Sie?
Wie	ist	Ihr Name?
Ich	heiße	Meier.
Mein Name	ist	Brunner.

4 Wendungen

Hallo! Tschüs!
Guten Morgen! Auf Wiedersehen!
Guten Tag!
Guten Abend!
Gute Nacht!

Wie heißen Sie? - Ich heiße Sandra Bauer.
Wie ist Ihr Name? - Mein Name ist Thomas Schröder.
Wie geht es Ihnen? - Danke, sehr gut / gut / nicht so gut.

E Übungen

1 Was sagen die Personen?

a.

b.

c.

d.

2 Ergänzen Sie die Namen.

Anna Schmidt:	Mein Familienname ist Schmidt .
	Mein Vorname ist Anna .
Thomas Schmidt:	Mein Familienname ist auch __________ .
	Aber mein Vorname ist __________ .
Und Sie?	____________________ . (Familienname)
	____________________ . (Vorname)

3 Korrigieren Sie. Was schreibt man groß?

G T W I N
guten tag. wie ist ihr name, bitte?

a. mein name ist andrea. und wie heißt du?
b. ich heiße michael.
c. mein name ist minho kim.
d. guten abend, wie geht es ihnen?
e. danke, gut. und ihnen?

4 Frage oder Antwort? Ergänzen Sie: „?“ oder „.“

a. ● Wie heißt du ___
   ■ Ich heiße Klaus ___
b. ● Ich heiße Daniel Keller ___ Und Sie ___
   ■ Jürgens, Udo Jürgens ___
c. ● Ich heiße Doris Beckmann ___ Wie ist Ihr Name ___
   ■ Mein Name ist Peter Bildhauer ___
d. ● Wie geht es dir ___
   ■ Danke, gut ___ Und dir ___

5 Ordnen Sie zu.

a.	Wie heißen	Leonie
b.	Ich	heiße Thomas
c.	Ich heiße	Thomas Weber
d.	Mein Familienname ist	Lee
e.	Ich bin	Sie?

6 Bilden Sie Sätze.

a. Sandra - Mein Vorname - ist - . ______________________

b. du - heißt - Wie - ? ______________________

c. Ihr Name - ist - Wie - ? ______________________

d. es - Wie - geht - Ihnen - ? ______________________

e. heiße - Ich - Minho - . ______________________

7 Ergänzen Sie.

Tag ● Morgen ● Auf Wiedersehen ● Gute Nacht ● Abend ● Morgen

Begrüßung				Abschied
07.00	______			
09.00	______			______
12.00	Guten Tag	Hallo	Tschüs	
15.30	______			
23.00	______			______

8 Markieren Sie die Betonung = und die Satzmelodie ↗↘.

a. ● Wie heißen Sie? ↘
■ Ich heiße Ina Zimmermann.
Und wie heißen Sie?
● Ich heiße Andreas Müller.

b. ● Wie ist Ihr Name?
■ Mein Name ist Anna Bauer.
● Guten Tag, Frau Bauer.

9 Was hören Sie? Kreuzen Sie an!

☐ Hallo! ☐ Guten Abend! ☐ Tag! ☐ Auf Wiedersehen! ☐ Morgen!
☐ Gute Nacht! ☐ Tschüs! ☐ Guten Morgen! ☐ Guten Tag! ☐ Nacht!

10 Hören Sie bitte zu! Schreiben Sie die Buchstaben auf!
Wie ist der Name?

a. Müller
b. ______
c. ______
d. ______
e. ______

2

Woher kommen Sie?

A ▸▸ Länder und Städte

B ▸▸ Zahlen

C ▸▸ Ein Interview

D ▸▸ Grammatik und Wendungen

E ▸▸ Übungen

A Länder und Städte

1. Welche europäischen Städte und Länder kennen Sie? Bitte ordnen Sie zu.

Länder	Städte
Deutschland	Berlin

Polen • London • Bern • Italien • Paris • die Niederlande • Österreich • Warschau • die Schweiz • Rom • Frankreich • England • Spanien • Madrid • Amsterdam • Wien

8 Bitte hören Sie zu!

- Frau Merkel, woher kommen Sie?
- Ich komme aus Deutschland. Und ich wohne in Berlin.

- Herr Brown, woher kommen Sie?
- Ich komme aus England. Ich wohne in London.

- Herr Sarkozy, woher kommen Sie?
- Ich komme aus Frankreich.
- Und wo wohnen Sie?
- Ich wohne in Paris.

Bitte fragen Sie Ihre Partnerin / Ihren Partner.

- Woher kommen Sie? Wo wohnen Sie?
- …

- Woher kommst du? Wo wohnst du?
- …

2. Ich bin Koreanerin.

- Woher kommen Sie?
- Ich komme aus Korea. Ich bin Koreanerin.
- Kommen Sie aus Seoul?
- Nein, ich komme aus Busan. Aber ich wohne in Seoul.

♀	♂
Koreanerin	*Koreaner*
Japanerin	*Japaner*
Chinesin	*Chinese*
Deutsche	*Deutscher*

B Zahlen

9 **Bitte hören Sie und sprechen Sie nach.**

10 **Bitte ergänzen Sie und hören Sie.**

11	**elf**	29	neunundzwanzig
12	**zwölf**	30	**dreißig**
13	dreizehn	32	zweiunddreißig
14	________zehn	36	________
15	________	39	________
16	**sech**zehn	40	vierzig
17	**sieb**zehn	50	fünfzig
18	________	60	**sech**zig
19	________	70	**sieb**zig
20	zwanzig	80	achtzig
21	**ein**undzwanzig	90	neunzig
26	sechsundzwanzig	100	(ein)hundert
27	siebenundzwanzig	101	(ein)hunderteins

11 Bitte hören Sie und sprechen Sie nach.

- Herr Hoffmann, wie ist Ihre Telefonnummer?
- Meine Telefonnummer ist 3 - 4 - 9 - 1 - 6 - 8.
- Wie bitte?
- Meine Telefonnummer ist 34 91 68.
- Und wie ist Ihre Handynummer?
- 0172 365 1004.

Bitte fragen Sie und antworten Sie.

- Wie ist Ihre Telefonnummer / Handynummer?
- ...

- Wie ist deine Telefonnummer / Handynummer?
- ...

Notiz

C Ein Interview

12 1. Wer sind Sie?

- Wie heißen Sie, bitte?
- Ich heiße Martina Grau.
- Wie ist Ihr Familienname?
- Grau.
- Wie ist Ihr Vorname?
- Martina.
- Wie bitte?
- Martina. Ich buchstabiere: M - A - R - T - I - N - A.
- Was sind Sie von Beruf?
- Ich bin Studentin.
- Woher kommen Sie?
- Ich komme aus Deutschland.
- Wo wohnen Sie?
- In Hamburg.
- Wie ist Ihre Telefonnummer?
- 040 21 86 95.
- Danke.
- Bitte.

Bitte spielen Sie den Dialog per *du*.

Wie heißt du?
Wie ist dein Familienname?
Was bist du von Beruf?
Woher kommst du?
Wo wohnst du?
Wie ist deine Telefonnummer?
Wie ist deine E-Mail-Adresse?

ich heiße
du heißt
er/sie heißt

Bitte fragen Sie im Kurs und ergänzen Sie.

Familienname	Vorname	Land	Wohnort	Beruf	Telefon	E-Mail

Mina ♀	*sie*	*ihre Adresse*
Minho ♂	*er*	*seine Adresse*

Bitte stellen Sie Ihre Partnerin / Ihren Partner vor.

Das ist Minho Park. Er kommt aus Korea. Er wohnt in Seoul. Er ist Student.
Seine Telefonnummer ist …. Seine E-Mail-Adresse ist ….

Das ist Mina Lee. Sie kommt aus Busan. Sie wohnt in Seoul. Sie ist Studentin.
Ihre Telefonnummer ist …. Ihre E-Mail-Adresse ist ….

2. Sind Sie Herr Joop?

- ● Guten Tag, ich heiße Park. Sind Sie Herr Joop?
- ■ Nein, mein Name ist Lagerfeld.
- ● Kommen Sie aus Deutschland?
- ■ Ja, ich komme aus Deutschland.
- ● Wohnen Sie in Berlin?
- ■ Ja, ich wohne in Berlin.
- ● Herr Lagerfeld, sind Sie Student?
- ■ Nein, ich bin Designer.

	Position 1	*Position 2*	*Position 3*
Ja/Nein-Frage	*-*	*Sind*	*Sie Herr Kim?*
W-Frage	*Wie*	*heißen*	*Sie?*

D Grammatik und Wendungen

1 Verbkonjugation

Personalpronomen	kommen	wohnen	heißen	sein
ich	komm**e**	wohn**e**	heiß**e**	bin
du	komm**st**	wohn**st**	heiß**t**	bist
er/sie/es	komm**t**	wohn**t**	heiß**t**	ist
Sie	komm**en**	wohn**en**	heiß**en**	sind

2 W-Fragen

Woher kommen Sie? - Ich komme aus Korea.
Was sind Sie von Beruf? - Ich bin Studentin.

3 Ja / Nein-Fragen

Kommen Sie aus Berlin? - Ja, ich komme aus Berlin.
Sind Sie verheiratet? - Nein, ich bin ledig.

4 Wortstellung

	Position 1	Position 2	
W-Frage	Woher Was	kommen sind	Sie? Sie von Beruf?
Ja/Nein-Frage		Sind Kommen	Sie Herr Lagerfeld? Sie aus Berlin?
Antwort	Ich Ich	komme bin	aus Korea. Studentin

5 Wendungen

Woher kommen Sie? - Ich komme aus Deutschland.
Wo wohnen Sie? - Ich wohne in München.

Wie ist Ihre Telefonnummer? - Meine Telefonnummer ist ··· .
Wie ist deine Handynummer? - Meine Handynummer ist ··· .

E Übungen

1 Wie heißt das Land? Und die Hauptstadt?

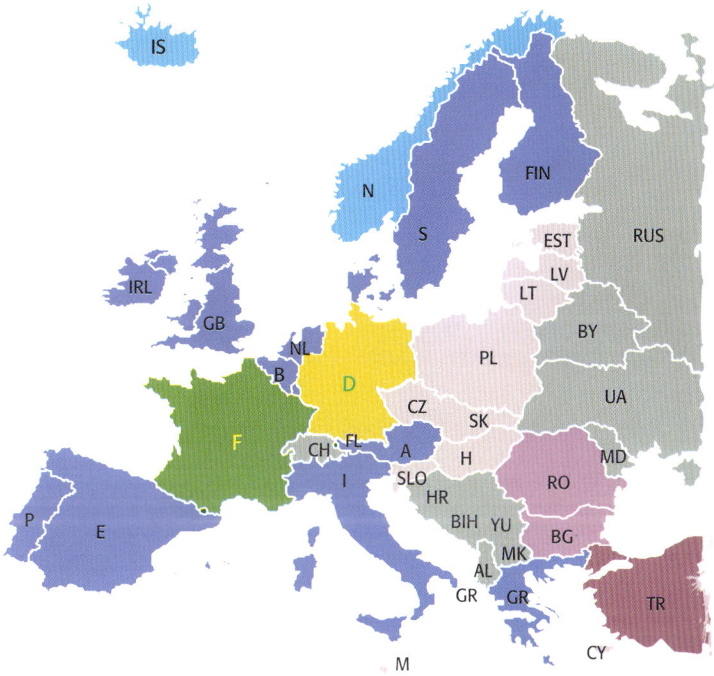

● **D** heißt Deutschland. Die Hauptstadt ist Berlin.
Was heißt **F**? Und die Hauptstadt?

■ **F** heißt ________ . Und die Hauptstadt ist ________ .

Variation : GB ● I ● A ● CH

2 Lesen Sie und schreiben Sie bitte.

1 eins
13 ________zehn
6 ________
7 ________
19 ________
4 ________
11 ________
3 ________
5 ________
12 ________

20 ________

10 ________

8 ________

9 ________

16 ________

14 ________

2 zwei

17 ________

15 ________

18 ________

3 Ergänzen Sie!

Mirim
Korea
Seoul

Ich ________ Mirim.
Ich ________ aus Korea.
Ich ________ in Seoul.

Markus
Deutschland
München

Er ________ Markus.
Er ________ aus Deutschland.
Er ________ in München.

Midori
Japan
Kyoto

Sie ________ Midori.
Sie ________ aus Japan.
Sie ________ in Kyoto.

2

4 Antworten Sie!

Heißt du Midori? ______________________

Kommst du aus Seoul? ______________________

Wohnst du in München? ______________________

Bist du Studentin? ______________________

5 Ergänzen Sie!

Hallo, ich heiße Mirim. → Hallo, ich bin Thomas.

______________________?

Ich komme aus Seoul, Korea.
Und du? ______________?

→ Ich komme aus Österreich, aus Wien.
Wo wohnst du?

Ich ____________ in Köln.
Wohnst du in Berlin?

→ Nein, ich ________ in München.

6 *Sie* oder *du*? Bitte ergänzen Sie.

heißen • bin • du • Sie • heißt • heiße •
danke • dir • Ihnen • Danke • gut • du

a. ● Guten Tag. Ich heiße Claudia Schiffer.
Und Sie? Wie ________ ________?
■ Ich ____________ Michael Schuhmacher.

b. ● Ah, Herr Kim. Guten Morgen.
■ Guten Morgen, Herr Hoffmann. Wie geht es ____________?
● ________, ________. Und Ihnen?
■ Auch gut, danke.

c. ● Hallo, ich ________ Steffi. Und wie ________ ________?
■ David. Und ________?
◆ Ich heiße Martina.

d. ● Hallo, wie geht es ________?
■ Danke, gut. Und dir?
● Sehr gut, ____________ .

7 Bingospiel (1-20)

8 Hören Sie und schreiben Sie bitte auf! Wie ist die Telefonnummer?

Thomas Schwarz

Tel. ....

9 Ordnen Sie die Wörter zu.

Deutschland, neun, ~~heißen~~, Familie, Meyer, Sie, Nein, wie

[aɪ] heißen ____________

[i:] ____________

[iə] ____________

[ɔɪ] ____________

3

Wer ist das?

A Meine Familie

Das ist meine Familie.

- Wer ist das?
- Das ist mein Vater.
  Das ist meine Mutter.
  Das sind meine Eltern.

- Wer ist das?
- Das ist meine Schwester.
  Das ist mein Bruder.
  Das sind meine Geschwister.

- Wer ist das?
- Das ist mein Sohn.
  Das ist meine Tochter.
  Das sind meine Kinder.

B Was sind Sie von Beruf?

- Was sind Sie von Beruf?
- Ich bin Flugbegleiterin.

- Was ist der Mann von Beruf?
- Er ist Fußballspieler.

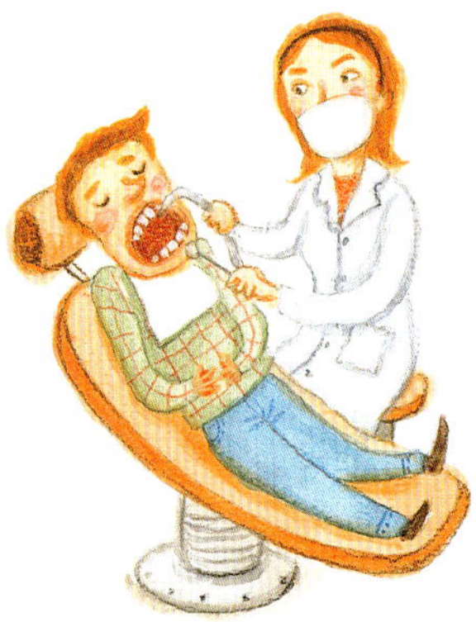

- Was ist die Frau von Beruf?
- Sie ist Zahnärztin.

- Was bist du von Beruf? / Was machst du?
- Ich bin Bäcker.

Variation : Student / Studentin • Hausmann / Hausfrau • Journalist / Journalistin • Lehrer / Lehrerin • Musiker / Musikerin • Geschäftsmann / Geschäftsfrau • Schüler / Schülerin • Verkäufer / Verkäuferin

C Wer ist das?

Bitte hören Sie die Dialoge!

14

- Wer ist das?
- Das sind meine Geschwister, mein Bruder und meine Schwester.
- Wohnen Ihre Geschwister in Frankfurt?
- Nein, sie studieren in Berlin.

15

Judith: Manfred, das hier sind Sumin und Minho.

Manfred: Hallo!

Sumin und Minho: Hallo, Manfred!

Manfred: Woher kommt ihr denn?

Sumin: Wir kommen aus Seoul, Korea.

Manfred: Und was macht ihr hier in Bonn?

Minho: Wir sind Studenten.
Ich studiere Germanistik, und Sumin studiert Kunstgeschichte.

maskulin (*m*)	feminin (*f*)	Plural (*Pl.*)
Vater	Mutter	Eltern
	Schwester	Geschwister
Großvater	Großmutter	
Sohn		Kinder

16 Bitte hören Sie den Dialog!

mein Vater
meine Mutter

- ● Wer ist das?
- ■ Das sind meine Eltern, mein Vater und meine Mutter.
- ● Wo wohnen deine Eltern?
- ■ Sie wohnen in Frankfurt am Main.
  Aber sie kommen aus Österreich.
- ● Und was sind deine Eltern von Beruf?
- ■ Meine Mutter ist Bankkauffrau, und mein Vater ist Beamter.

Bitte bringen Sie ein Foto von Ihrer Familie und erzählen Sie Ihrer Partnerin und Ihrem Partner. Wer ist das? Wie heißt er / sie? Wo wohnt er / sie? Was ist er / sie von Beruf?

Das ist meine Familie. Das ist mein Vater. Er kommt aus Busan. Er wohnt jetzt aber in Seoul. Er ist Beamter. Das ist meine Mutter. Sie ···.

Stammbaum

Großvater / Großmutter - Großeltern ● Vater / Mutter - Eltern ● Sohn / Tochter - Kinder ● Bruder / Schwester - Geschwister ● Enkelsohn / Enkeltochter - Enkelkinder ● Schwager / Schwägerin ● Onkel / Tante ● Mann / Frau ● Schwiegervater / Schwiegermutter - Schwiegereltern ● Schwiegersohn / Schwiegertochter

Ich bin *Anna.*

Mein __________ heißt Joseph. Petra ist meine __________ .

Michael ist mein ______________ .

Ich bin *Markus.*

Meine__________ heißt Petra. Ich habe zwei ______________ ,

Florian und Michael.

Ich bin *Michael.*

Mein __________ heißt Markus. Er hat zwei ______________ .

Sein __________ heißt Thomas. Er ist also mein ______________ .

Und meine __________ heißt Monika.

D Grammatik und Wendungen

1 Personalpronomen

Sg.	*Pl.*
ich	wir
du	ihr
er/sie/es	sie
Sie	Sie

2 Possessivartikel

ich	du	er	sie	es	sie (*Pl.*)	Sie
mein	dein	sein	ihr	sein	ihr	Ihr

Sg.						*Pl.*	
m		*f*		*n*			
mein	Vater	mein**e**	Mutter	mein	Kind	mein**e**	Eltern
dein	Vater	dein**e**	Mutter	dein	Kind	dein**e**	Eltern
sein	Vater	sein**e**	Mutter	sein	Kind	sein**e**	Eltern
ihr	Vater	ihr**e**	Mutter	ihr	Kind	ihr**e**	Eltern
Ihr	Vater	Ihr**e**	Mutter	Ihr	Kind	Ihr**e**	Eltern

3 Verbkonjugation

	machen	arbeiten	studieren	sein
ich	mach**e**	arbeit**e**	studier**e**	bin
du	mach**st**	arbeit**est**	studier**st**	bist
er/sie/es	mach**t**	arbeit**et**	studier**t**	ist
wir	mach**en**	arbeit**en**	studier**en**	sind
ihr	mach**t**	arbeit**et**	studier**t**	seid
sie / Sie	mach**en**	arbeit**en**	studier**en**	sind

4 Wendungen

Was sind Sie von Beruf?

Was machen Sie?

Ich bin Studentin.

Wer ist das?

Das ist mein Freund Markus.

Das sind meine Eltern.

Notiz

E Übungen

1 Wer ist wer? Bitte ergänzen Sie!

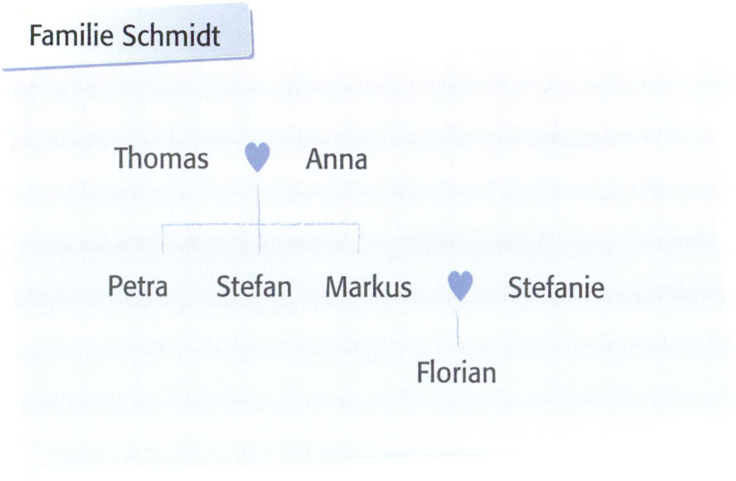

a. Ich bin Florian.
Mein Vater heißt Markus.
_____ _____ heißt Stefan.
_____ _____ heißt Thomas. _____ _____ ist Anna.
_____ _____ heißt Petra.

b. Ich bin Thomas.
Petra, Markus und Stefan sind _____ _____ .
Florian ist _____ _____ .
Stefanie ist meine _____ .

c. Das ist Petras Familie.
Das sind _____ Vater, _____ Mutter und _____ Bruder.
Florian ist _____ Neffe. Er ist 7 Jahre alt.

d. Ich bin Stefanie.
   Mein ________ heißt Markus.
   Stefan ist ________ Bruder. Petra ist ________ Schwester.
   Sie ist meine ________________ .

2 Wer macht was?

Lehrer / Lehrerin • Ingenieur / Ingenieurin • Angestellter / Angestellte • Schauspieler / Schauspielerin • Bankkaufmann / Bankkauffrau

● Herr Schmidt, was sind Sie von Beruf?
■ Ich bin ____________ . Ich arbeite bei Siemens.
  Das ist mein Sohn Markus, er ist ______________ .
● Ja? Ich bin auch Lehrerin.
  Wo arbeitet Markus?

■ Er arbeitet im Goethe Gymnasium.
Meine Tochter Petra ist ____________ ,
und meine Schwiegertochter Stefanie ist ____________ .

3 Ergänzen Sie.

Sie ● Er ● Er ● sie ● sie ● Sie

- ● Das ist Markus. ________ ist Lehrer.
- ■ Ist das seine Frau?
- ● Ja, ________ heißt Stefanie.
- ■ Und wer ist das?
- ● Das ist meine Tochter. ________ arbeitet im Stadttheater.
- ■ Super! Was macht ________ denn?
- ● ________ ist Schauspielerin.
- ■ Schön! Und Ihr Sohn Stefan?
- ● ________ studiert noch.

4 Ergänzen Sie die passende Form!

machen ● studieren ● arbeiten ● sein

● Was ____________ Sie von Beruf?
■ Ich ____________ Studentin.
Ich ____________ Deutsch.
Und was ____________ Sie?
● Ich ____________ bei Siemens.
Mein Bruder ____________ auch bei Siemens.
Er ____________ Ingenieur.

5 Ergänzen Sie!

bin • seine • meine • sind • ist • mein • ihr •
meine • dein • sind • ist • mein • meine

a. Das ________ ich und das ________ ________ Eltern.
b. Ist das ________ Bruder? - Ja, er ist mein Bruder. Er heißt Bruno.
c. Das ________ meine Tochter, und das ________ ________ Sohn.
d. Peter wohnt in Bonn. Und ________ Schwester arbeitet dort.
e. Das ________ ________ Großeltern: ________ Opa und ________ Oma.
f. Woher kommt Petras Onkel? - Aus Frankreich, ________ Onkel arbeitet in Paris.

6 Ergänzen Sie!

a. Was mach<u>t</u> ihr hier? - <u>*Wir*</u> studieren Chemie.
b. Maria, was mach___ ________ hier in Berlin? - ________ studier___ Musik.
c. Was mach___ ________, Herr Bergmann? - ________ ________ Sänger.
d. Was mach___ Frau und Herr Müller hier? - ________ ________ Touristen.
e. Was mach___ Anita hier? - ________ ________ Lehrerin.

4

Meine Wohnung

A ▸▸ Wie ist deine Wohnung?

B ▸▸ Gegenstände im Haus

C ▸▸ Grammatik und Wendungen

D ▸▸ Übungen

A Wie ist deine Wohnung?

1. Wo ist das? Bitte schreiben Sie.

das Schlafzimmer • das Arbeitszimmer • das Wohnzimmer •
das Bad • die Küche • die Toilette • der Flur • der Balkon

Bitte zeichnen Sie und stellen Sie Ihre Wohnung vor.

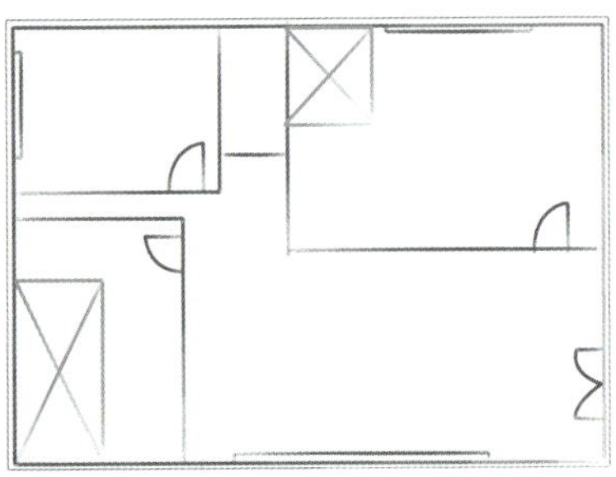

Das ist meine Wohnung. Das ist die Küche. Das ist das Bad ···.

● Ist hier die Küche?
■ Ja, die Küche ist hier.

● Ist hier das Bad?
■ Nein, das Bad ist dort.
Und der Balkon ist hier.

2. Wie ist das?

hell / dunkel ● alt / neu ● klein / groß ● sauber / schmutzig

Das Wohnzimmer ist ________ .

Das Wohnzimmer ist ________ .

Das Auto ist ________ .

Das Auto ist ________ .

Das Haus ist ________ .

Das Haus ist ________ .

Die Küche ist ________ .

Die Küche ist ________ .

17

- Wie ist *das Wohnzimmer*? Ist es *hell*?
- Nein, es ist nicht *hell*. Es ist *dunkel*.

- Wie ist *der Balkon*? Ist er *groß*?
- Nein, er ist nicht *groß*. Er ist *klein*.

- Wie ist *die Küche*? Ist sie *modern*?
- Nein, sie ist nicht *modern*. Sie ist *altmodisch*.

der Balkon - er
das Bad - es
die Wohnung - sie

Variation:
das Schlafzimmer - ruhig / laut ● der Flur - schmal / breit ● das Bad - klein / groß ● die Toilette - sauber / schmutzig ● das Arbeitszimmer - dunkel / hell

B Gegenstände im Haus

18 1. Bitte ordnen Sie zu.

der MP3-Player ● die Uhr ● die Brille ● die Vase ● die Lampe ● die Tasche ● das Regal ● das Bett ● das Telefon ● das Handy ● das Sofa ● der Stuhl ● der Teppich ● der Schreibtisch ● der Schrank

Sortieren Sie die Wörter.

m	f	n
der Schreibtisch	die Uhr	das Regal

2. Was ist das?

- Ist das *ein Stuhl*?
- Nein, das ist *kein Stuhl*. Das ist *ein Schreibtisch*.

- Ist das *eine Uhr*?
- Nein, das ist *keine Uhr*. Das ist *ein Radio*.

- Ist das *eine Lampe*?
- Nein, das ist *keine Lampe*. Das ist *eine Vase*.

Variation : Computer - MP3-Player ● Sofa - Bett ● Regal - Schrank

ein Stuhl	*kein Stuhl*
eine Lampe	*keine Lampe*
ein Sofa	*kein Sofa*

3. Was hast du in deinem Zimmer?

- Was hast du in deinem Zimmer?
- Ich habe **einen** *Computer,* **ein** *Regal und* **eine** *Lampe*.
  Aber ich brauche noch **einen** *Tisch*.

Variation : Bett, Sofa - Uhr ● Schreibtisch, Regal - Lampe ● Tasche, Regal - Telefon ● Schrank, Stuhl - Teppich

	m	*f*	*n*
Nominativ	*ein Tisch*	*eine Uhr*	*ein Auto*
Akkusativ	*einen Tisch*	*eine Uhr*	*ein Auto*

C Grammatik und Wendungen

1 Definiter Artikel

Hier ist **der** Balkon.
Hier ist **das** Bad.
Dort ist **die** Küche.

2 Indefiniter Artikel

	m	*f*	*n*
Nominativ	ein Tisch	eine Uhr	ein Auto
Akkusativ	**einen** Tisch	eine Uhr	ein Auto

Was ist das? - Das ist ein Tisch.
Das ist eine Uhr.
Das ist ein Auto.

Was brauchen Sie? - Ich brauche **einen** Tisch.
Ich brauche eine Uhr.
Ich brauche ein Auto.

3 Personalpronomen

Wo ist der Balkon? - **Er** ist dort.
Wo ist das Bad? - **Es** ist dort.
Wo ist die Küche? - **Sie** ist hier.

4 Negation: *kein / keine / nicht*

Der Stuhl ist **nicht** schön.
Maria ist **nicht** verheiratet.
Thomas kommt **nicht** aus Deutschland.
Peter arbeitet **nicht**. Er studiert.

Das ist **kein** Stuhl. Das ist ein Sofa.
Das ist **kein** Telefon. Das ist ein Computer.
Das ist **keine** Vase. Das ist eine Lampe.
Das sind **keine** Stühle. Das sind Sofas.

5 Verb: *haben*

ich	habe	wir	haben
du	hast	ihr	habt
er/sie/es	hat	sie	haben
Sie	haben	Sie	haben

6 Wendungen

Ist hier das Schlafzimmer? - Ja. / Nein, es ist dort.
Das Sofa ist bequem / schön / modern / unpraktisch / hässlich.
Ist das schön? - Ja, das ist schön. / Nein, das ist nicht schön.
Ist das eine Uhr? - Nein, das ist keine Uhr.

D Übungen

1 Wie heißt das Gegenteil? Ordnen Sie zu.

altmodisch	alt
praktisch	bequem
neu	modern
billig	unpraktisch
unbequem	schön
hässlich	teuer
klein	groß

2 Sortieren Sie die Wörter.

Gartenstuhl • Kleiderschrank • Armbanduhr • Handtasche • Bücherregal • Tischlampe • Kinderbett • Schreibtisch • Sonnenbrille • Ledersofa

m	f	n
der Gartenstuhl		

3 Ergänzen Sie.

der • das • die • ein • eine • einen

Endlich habe ich ________ Wohnung. Sie ist aber klein.
________ Wohnung hat ________ Wohnzimmer, ________ Schlafzimmer,
________ Küche, ________ Bad und ________ Balkon.
________ Wohnzimmer ist hell, aber sehr klein.

________ Schlafzimmer ist ganz ruhig. ________ Küche ist klein, aber praktisch.
In der Wohnung sind ________ Esstisch, ________ Stuhl, ________
Sofa, ________ Fernseher und ________ Bett.
________ Fernseher ist nicht groß. Ich brauche noch ________ Stereoanlage.

4 Ergänzen Sie.

kein • keine • nicht

a. Thomas studiert ________ . Er arbeitet.
b. Das ist ________ Schrank. Das ist ein Regal.
c. Das ist ________ CD-Player. Das ist ein Videorekorder.
d. Das Wohnzimmer ist ________ groß, aber sehr schön.
e. Das ist ________ Sofa. Das ist ein Sessel.
f. Das ist ein Faxgerät. Das ist ________ Telefon.
g. Die Übung ist ________ schwer. Sie ist einfach.
h. Die Wohnung ist ________ neu, aber sehr gemütlich.

5 Ergänzen Sie!

einen • eine • ein

- Was hast du in deiner Wohnung?
- Ich habe ________ Tisch, ________ Uhr, ________ Radio, ________ Teppich, ________ Schrank, ________ Regal, ________ Computer und ________ Telefon. Aber ich brauche noch ________ Sofa und ________ Lampe.

19 6 Lang(_) oder kurz(.)? Hören Sie, sprechen Sie nach und markieren Sie.

Hallo	Tag	Tasche	Schrank	Vase	Balkon
Herr	Telefon	Bett	Lehrer	Peter	
Computer	Foto	Topf	dort	noch	wohnen
Zimmer	Brille	billig	Ihnen	ich	
Uhr	Stuhl	Butter	gut	Flur	

5
Was kostet das?

A Auf dem Markt

1. Ich hätte gern Kartoffeln.

20

- Guten Tag! Bitte schön!
- Guten Tag! Haben Sie *Orangen?*
- Ja. Und wie viel brauchen Sie?
- *Ein Kilo*, bitte!

- Guten Tag, Sie wünschen?
- Ich hätte gern *Kartoffeln!*
- Ja. Und wie viel?
- *Ein Pfund*, bitte!

1 Pfund = 500 Gramm

Ich hätte gern...
Ich möchte ...
Ich brauche ...

Variation **:** Äpfel - 1 Pfund ● Bananen - 1 Kilo ● Käse - 100 Gramm ●
Brot - 1 Pfund ● Schweinefleisch - 2 Kilo

2. Kilo - Gramm - Pfund

ein Apfel		ein Kilo **Ä**pfel
eine Banane		zwei Kilo Banane**n**
eine Orange		ein Kilo Orange**n**
eine Kartoffel		zwei Pfund Kartoffel**n**
eine Tomate		dreihundert Gramm Tomate**n**

- Guten Tag, bitte schön!

- Ich möchte ein Kilo Äpfel.
  Ich hätte gern ein Kilo Äpfel.
  Ich brauche ein Kilo Äpfel.

B Im Lebensmittelladen

1. Sehen Sie das Bild an und lesen Sie den Preis!

3,20 €   drei Euro zwanzig (Cent)

21 2. Was kostet das?

- ● Was kostet das?
- ■ Das kostet 2 Euro 99.

Was kostet das?
Wie viel kostet das?

- ● Wie viel kostet *ein Pfund Rindfleisch*?
- ■ *Ein Pfund Rindfleisch* kostet 8,99 Euro.

- ● Wie viel kosten *zwei Kilo Äpfel*?
- ■ *Ein Kilo Äpfel* kostet 2 Euro.
  Zwei *Kilo Äpfel* kosten 4 Euro.

***Variation* :**
eine Flasche Saft ● ein Becher Joghurt ● eine Dose Bier ●
eine Packung Tee ● ein Pfund Kaffee

3. Rainer isst gern Kartoffeln. Er macht heute Kartoffelauflauf.

Lesen Sie das Kochrezept!

- ● Was braucht Rainer? Und wie viel?
- ■ Er braucht sechshundert Gramm Kartoffeln, hundert Gramm Schinken, ….

600g Kartoffeln
100g Schinken
120g Käse (Gouda)
40g Kräuterbutter

22 Rainer ist im Tante-Emma-Laden.

Verkäuferin:	Guten Tag! Sie wünschen?
Rainer:	Ich hätte gern 600g Kartoffeln.
Verkäuferin:	Sonst noch etwas?
Rainer:	Ja. 100g Schinken und 120g Gouda, bitte.
Verkäuferin:	Sonst noch etwas?
Rainer:	Danke, das ist alles.

Kochen Sie gern? Schreiben Sie einen Einkaufszettel und spielen Sie einen Dialog mit Ihrem Partner.

23 4. Im Lebensmittelladen. Hören Sie bitte zu und kreuzen Sie an.

a. Was kauft der Kunde?

- ☐ Schinken ☐ Fleisch ☐ Käse
- ☐ Brot ☐ Milch ☐ Tomaten

b. 1 kg Brot kostet

- ☐ 4,20 € ☐ 3,29 €
- ☐ 3,80 € ☐ 38 €

c. Wie viel macht das zusammen?

- ☐ 5,18 € ☐ 4,18 €
- ☐ 4, 80 € ☐ 5,80 €

C Grammatik und Wendungen

1 Zahlen: 101-

101	(ein)hunderteins	1000	(ein)tausend
102	hundertzwei	1001	tausendeins
103	hundertdrei	2000	zweitausend
110	hundertzehn	10 000	zehntausend
121	hunderteinundzwanzig	1 000 000	**eine** Million
200	zweihundert	2 000 000	zwei Million**en**
300	dreihundert		

2 Nomen: Plural

Sg.		*Pl.*	*Endung*
ein	Apfel	Äpfel	**¨**
ein	Ei	Eier	**-er**
ein	Brötchen	Brötchen	**–**
ein	Brot	Brote	**-e**
eine	Orange	Orangen	**-n**

3 Preis-, Maß- und Mengenangaben

20,00 € = zwanzig Euro

1 kg = ein Kilo

ein Pfund = 500 g

0,50 € = fünfzig Cent

100 g = (ein)hundert Gramm

1 ℓ = ein Liter

eine Flasche Wein - zwei Flasche**n** Wein
eine Dose Bier / Cola - zwei Dose**n** Bier / Cola
ein Becher Joghurt - zwei Becher Joghurt
ein Stück Kuchen - zwei Stück Kuchen

Was kost**et** ein Kilo Äpfel?
Was kost**en** zwei Kilo Äpfel?

4 Verbkonjugation

	möchten	hätten	essen
ich	möchte	hätte	esse
du	möchtest	hättest	isst
er/sie/es	möchte	hätte	isst
wir	möchten	hätten	essen
ihr	möchtet	hättet	esst
sie/Sie	möchten	hätten	essen

5 Wendungen

Was kostet das? - Das kostet 2,30 €.
Wie viel kostet das?

Wie viel macht das (zusammen)? - Das macht 9,90 Euro.

Bitte schön! / Sie wünschen? - Ich möchte drei Brötchen.
Ich hätte gern drei Brötchen.

Sonst noch etwas? - Nein, danke. Das ist alles.

D Übungen

1 Ergänzen Sie.

ein	Apfel	zwei ________
eine	________	1 Kilo Bananen
eine	Orange	1 Pfund ________
eine	Kartoffel	2 Kilo ________
ein	Ei	zehn ________
eine	Tomate	2 Pfund ________
eine	Zwiebel	500 Gramm ________

24

2 Hören Sie und kreuzen Sie an.

Was kostet das?

a.	☐ Joghurt: 0,18 €	☐ Joghurt: 0,80 €	☐ Joghurt: 0,28 €
b.	☐ Bier: 0,99 €	☐ Bier: 1,99 €	☐ Bier: 1,19 €
c.	☐ Schinken: 1,50 €	☐ Schinken: 1,15 €	☐ Schinken: 0,50 €

3 Bitte lesen Sie!

4,20 € *vier Euro zwanzig*

1,17 €	________	1,10 €	________
0,55 €	________	12,21 €	________
199,00 €	________	88,50 €	________
39,49 €	________	1025,00 €	________

4 Fragen und antworten Sie.

a. 2 kg 4,99 €
Was kosten 2 kg Äpfel? - Sie kosten ______________

b. 0,35 €
______________? - ______________

c. 1,79 €
______________? - ______________

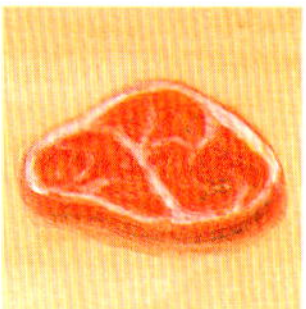

d. 1 kg 7,99 €
______________? - ______________

e. 0,25 €
______________? - ______________

f. 0,89 €
______________? - ______________

g. 3,99 €
______________? - ______________

5 Schreiben Sie einen Einkaufszettel, und spielen Sie den Dialog mit Ihrem Partner / Ihrer Partnerin!

Beispiel: 1 Pfund Kaffee, 1 Packung Zucker

Bitte schön!
Kann ich Ihnen helfen?

Haben Sie __________?

Ja, natürlich.
Und wieviel?

__________, bitte!

Und brauchen Sie noch etwas?

__________, bitte!

Sonst noch etwas?

Danke, das ist alles!
__________________?

Das macht 5 Euro 10.

Ich habe leider nur einen 50 Euro Schein.

Das macht nichts.
Hier __________ zurück.

Danke. ______________!

Auf Wiedersehen!

6 Ergänzen Sie bitte!

hätten ● möchten ● kosten ● brauchen

a. ● Was darf es denn sein?
  ■ Ich __________ gern 1 Pfund Kaffee.

b. ● Was __________ ein Liter Milch?
  ■ 99 Cent.

c. ● Wie viel __________ die Äpfel?
  ■ Ein Kilo __________ 1,99 Euro.

d. ● Was __________ Sie?
  ■ Ich __________ vier Flaschen Mineralwasser.

e. ● Ich gehe heute einkaufen. Meine Mutter __________ 1kg Kartoffeln.
  ■ Ja? Was kocht sie denn?

6

Essen und Trinken

A ▸▸ Was isst du gern?

B ▸▸ Bestellen und Bezahlen

C ▸▸ Grammatik und Wendungen

D ▸▸ Übungen

A Was isst du gern?

1. Mein Lieblingsessen

- Was isst du gern?
- Ich esse gern *Pizza*. *Die* schmeckt gut.

- Was isst du gern?
- Mein Lieblingsessen ist *Hähnchen*. *Das* schmeckt gut.
- Ich esse gern *Schweinebraten*. *Der* ist lecker.

Variation : Schnitzel(*n*) • Auflauf(*m*) • Bratwurst(*f*)

2. Was trinkst du gern?

- Was trinkst du gern?
- Ich trinke gern *Wein*.
  Rotwein ist mein Lieblingsgetränk.

Variation :

Tee • Kaffee • Milch • Bier • Mineralwasser • Cola • Orangensaft • Apfelsaft

Was isst / trinkt Ihre Partnerin oder Ihr Partner gern?
Bitte sprechen Sie mit Ihrer Partnerin / Ihrem Partner. Und berichten Sie.

Mein Partner / Meine Partnerin isst gern …
Er / Sie isst nicht so gern …
Er / Sie trinkt gern …
Er / Sie trinkt nicht so gern …

B Bestellen und Bezahlen

1. Was nehmen Sie?

- Bitte schön! Was möchten Sie?
- Ich **möchte** *eine Gemüsesuppe*.

- Guten Tag! Sie wünschen?
- Ich **hätte gern** *einen Salat*.

- Bitte, was darf es denn sein?
- Ich **nehme** *ein Käsebrot*.

Das ist ein Braten.
Ich nehme einen Braten.

Variation :
Schinkenbrot(*n*) • Pizza(*f*) • Gemüseauflauf(*m*) • Schweinebraten(*m*) • Schnitzel(*n*)

	m	*f*	*n*	*Pl.*
Nominativ	*ein Salat*	*eine Pizza*	*ein Käsebrot*	*Spaghetti*
Akkusativ	*einen Salat*	*eine Pizza*	*ein Käsebrot*	*Spaghetti*

2. Wir haben kein / keine / keinen ...

25

Was möchten Sie?
Was hätten Sie gern?
Was darf es denn sein?

Guten Appetit!
Prost!

Monika: Was isst du, Paul?
Paul: Hm, ich weiß noch nicht. Vielleicht nehme ich einen Kuchen. Und du?
Monika: Ich nehme eine Pizza. Ich habe schon Hunger.
Bedienung: Guten Tag! Was möchten Sie?
Paul: Haben Sie Käsekuchen?
Bedienung: Tut mir leid, wir haben heute keinen Käsekuchen. Möchten Sie vielleicht einen Apfelkuchen?
Paul: Dann nehme ich einen Kaffee und ein Stück Apfelkuchen.
Bedienung: Und Sie? Was nehmen Sie?
Monika: Ich nehme eine Pizza und ein Bier, bitte.
Bedienung: Ein Apfelkuchen, ein Kaffee, eine Pizza und ein Bier. Danke schön.

Hier ist kein Kuchen.
Wir haben keinen Kuchen.

	m	f	n	Pl.
Nominativ	kein Salat	keine Pizza	kein Käsebrot	keine Spaghetti
Akkusativ	keinen Salat	keine Pizza	kein Käsebrot	keine Spaghetti

3. Was bezahlen Sie?

- Was bezahlen Sie?
- Ich bezahle den / die / das ···

Variation :

Salat(*m*) • Käsebrot(*n*) • Bratwurst(*f*) • Pizza(*f*) • Schweinebraten(*m*) • Mineralwasser(*n*) • Apfelsaft(*m*) • Kaffee(*m*) • Tee(*m*) • Milch(*f*) • Rotwein(*m*)

	m	f	n
Nominativ	***der** Kuchen*	***die** Pizza*	***das** Käsebrot*
Akkusativ	***den** Kuchen*	***die** Pizza*	***das** Käsebrot*

Speisekarte

Café Brazil

Getränke - alkoholfrei

Mineralwasser	0,2 l	1,90 €
Cola/Limonade	0,3 l	1,90 €
Saft (Orangen, Apfel)	0,2 l	3,00 €
Kaffee (Tasse)		1,70 €
Tee (Tasse)		1,70 €
Milchkaffee		2,50 €

Bier und Wein

Paulaner	0,33 l	2,50 €
Becks	0,33 l	2,50 €
Warsteiner	0,33 l	2,50 €
Sekt	0,2 l	2,50 €
Wein(Haus)	Flasche	4,20 €

Kleine Speisen

Käsebrot	2,80 €
Schinkenbrot	2,80 €
Wurstsalat	5,50 €
Grüner Salat	4,80 €
Bratwurst	3,80 €

Warmes Gericht

Pizza	6,40 €
Spaghetti	6,60 €
Schnitzel	8,80 €
Schweinebraten	11,50 €
Fisch (Forelle)	12,40 €

Nachspeise

Käsekuchen 1St.	2,70 €
Obstkuchen	2,70 €
Torte	3,20 €
Eis (1Kugel)	1,50 €

26 4. Nach dem Essen

● Wir möchten zahlen!
■ Ja, ich komme sofort.
Bitte schön. Zusammen oder getrennt?
● Getrennt bitte.
■ Und was bezahlen Sie?
● Den Apfelkuchen und den Kaffee.
■ Das macht 4,40.
● 5 Euro, stimmt so!
■ Vielen Dank!
▲ Und ich bezahle die Pizza und das Mineralwasser.
■ Eine Pizza und ein Mineralwasser ··· , das macht 8 Euro 20.
▲ Hier, bitte. Stimmt so.
■ Danke schön! Auf Wiedersehen.

Sehen Sie die Speisekarte an und spielen Sie zu dritt ein Rollenspiel. Bestellen Sie das Essen und zahlen Sie!

27 5. Im Restaurant

Bitte hören Sie und kreuzen Sie an.

a. Was trinkt der Gast?
☐ Kaffee ☐ Mineralwasser ☐ Sekt

b. Was isst der Gast?
☐ Spaghetti ☐ Pizza ☐ Schweinebraten

c. Nimmt der Gast eine Nachspeise?
☐ Ja ☐ Nein

C Grammatik und Wendungen

1 Demonstrativpronomen

	m	f	n	Pl.
Nominativ	der	die	das	die
Akkusativ	den	die	das	die

Isst du gern Schweinebraten? - Ja, **der** schmeckt gut.

Ich esse gern Pizza. **Die** ist lecker.

Mein Lieblingsessen ist Hähnchen. **Das** schmeckt sehr gut.

2 Definiter Artikel: Akkusativ

	m	f	n	Pl.
Nominativ	der Kuchen	die Suppe	das Brot	die Spaghetti
Akkusativ	**den** Kuchen	die Suppe	das Brot	die Spaghetti

Ich bezahle **den** Kuchen.

3 Indefiniter Artikel: Akkusativ

	m	f	n
Nominativ	ein Saft	eine Suppe	ein Brot
Akkusativ	**einen** Saft	eine Suppe	ein Brot

Ich hätte gern **einen** Apfelsaft.

4 Negationsartikel: Akkusativ

	m		*f*		*n*		*Pl.*	
Nominativ	kein	Kuchen	keine	Suppe	kein	Brot	keine	Spaghetti
Akkusativ	**keinen**	Kuchen	keine	Suppe	kein	Brot	keine	Spaghetti

Ich nehme keinen Kuchen.

5 Wendungen

Was möchtest / nimmst du?

Was hättest du gern?

Was isst du gern?

Was trinkst du gern?

Was darf es sein? - Ich möchte / nehme / trinke einen / ein / eine ...

Was bezahlen Sie? - Ich bezahle den / das / die ...

Zusammen oder getrennt?

Stimmt so.

Notiz

D Übungen

1 Was passt gut zusammen? Bestellen Sie das Essen!

Ich hätte gern Kaffee und Kuchen.

Kaffee	Brötchen
Wurst	Salat
Hähnchen	Pommes
Pizza	Cola
Wein	Käse
Schweinebraten	Kuchen

2 Bilden Sie das Wort.

die Orange + **der** Saft = **der** Orangensaft

a. die Tomate(+n) + der Saft =
b. der Apfel + der Kuchen =
c. das Gemüse + die Suppe =
d. die Milch + der Kaffee =
e. die Kartoffel + der Salat =

3 Ergänzen Sie!

ein • eine • einen • den • das • die

a. Ich nehme ________ Stück Käsekuchen und ________ Kaffee.
b. Nimmst du noch Pizza? - Ja, vielleicht ________ Stück noch.
c. Sonst noch etwas? - Ich brauche noch ________ Brot.
d. Ich trinke noch ________ Wein. Dann gehen wir.
e. Ich zahle ________ Essen. Heute bist du eingeladen.
f. Was brauchst du noch?
- Ich brauche noch ________ Tisch und ________ Lampe. Ich kaufe ________ Tisch und ________ Lampe.

g. Ich hätte so gern ________ Auto. Aber ich kaufe zuerst ________ Motorrad.

h. Nimmst du ________ Zimmer? - Nein, ________ Zimmer ist teuer.

4 Ergänzen Sie!

kein • keine • keinen • nicht

a. Hast du noch Brot? - Nein, ich habe ________ Brot mehr.

b. Trinkst du Wein? - Nein, ich trinke ________ Wein. Ich trinke Bier.

c. Ich habe ________ Auto. Aber ich habe ein Fahrrad.

d. Ich esse ________ gern Fleisch. Aber ich esse gern Fisch.

e. Wir haben ________ Käsekuchen. Aber wir haben Obstkuchen.

f. Das ist ________ Restaurant. Das ist ein Café.

g. Nimmst du noch Fleisch? - Nein, danke. Ich nehme ________ Fleisch mehr.

5 Ergänzen Sie!

essen • möchten • trinken • nehmen • bezahlen

a. Was ________ Sie? - Ich ________ ein Bier und eine Pizza, bitte.

b. Ich ________ gern Wein, aber mein Mann ________ gern Bier.

c. Die Kinder ________ nicht gern Gemüse.

d. Wir möchten zahlen! Ich ________ den Kuchen und den Kaffee.

e. ________ du gern Fleisch? - Nein, nicht so gern.

f. ________ du Spaghetti? Dann ________ ich eine Pizza.

6 Hören Sie und ergänzen Sie die Vokale. Hören Sie noch einmal und vergleichen Sie.

a • e • i • o • u • ü • ei • ö • ee • eu

a. Was d__rf es denn s__n? - Einen __pfels__ft, bitte.

b. M__chtest du T__? - Ja, g__rn.

c. Was bez__hlen Sie? - Ich bez__hle den K__ffee.

d. Meine Fam__lie __sst gern P__zza.

e. Die __bung ist nicht schwer.

7

Im Kaufhaus

A ▸▸ Wo finde ich was?

B ▸▸ Was für einen ... suchen Sie denn?

C ▸▸ Ich finde das schön.

D ▸▸ Grammatik und Wendungen

E ▸▸ Übungen

A Wo finde ich was?

KaDeWe in Berlin (Kaufhaus des Westens)

Information

5. Stock :	Restaurant & Café
4. Stock :	Möbel, Bilder
3. Stock :	Elektronik, Computer
2. Stock :	Sportbekleidung & -geräte
1. Stock :	Damen- & Herrenmode
EG :	Kosmetik, Bücher
UG :	Haushaltswaren, Lebensmittel

Wo?
im fünften Stock
im vierten Stock
im dritten Stock
im zweiten Stock
im ersten Stock
im Erdgeschoss
im Untergeschoss

1. Wo gibt es was?

- Wo gibt es *Jeans*?
- Die finden Sie im 1. Stock.

- Wo gibt es *Fernseher*?
- Die finden Sie im 3. Stock.

Wo gibt es .... ?
Wo finde ich.... ?

- Wo finde ich *Lampen*?
- Die finden Sie im 4. Stock.

- Wo finde ich *Handys*?
- _______ finden Sie im _______ __________ .

Variation **:**

Stühle • MP3-Player • CDs • Bücher • Tassen

2. Kann ich Ihnen helfen?

- Guten Tag! Kann ich Ihnen helfen?
- Ja, bitte. Ich suche *einen Teppich*. Wo finde ich *Teppiche*?
- Die finden Sie *im 4. Stock*!
- Danke schön!

helfen + dir / Ihnen

Variation **:**

einen Topf - Töpfe - im Untergeschoss •
ein Telefon - Telefone - im 3. Stock •
eine Mütze - Mützen - im 1. Stock

B Was für einen / ein / eine … suchen Sie denn?

1. Ich suche einen / ein / eine …

- Entschuldigung! Ich suche ***einen*** *Teppich.*
- **Was für** ***einen*** *Teppich* suchen Sie denn?
- ***Einen*** *blauen* ***Wollteppich***, bitte.

Was für einen / ein / eine … ?

- Ich suche ***ein*** *Handy.*
- **Was für** ***ein*** *Handy* suchen Sie denn?
- ***Ein*** *schwarzes Handy*, bitte.

- Ich suche ***eine*** *Bluse.*
- **Was für** ***eine*** *Bluse* suchen Sie denn?
- ***Eine*** *gelbe Bluse*, bitte.

Regenbogen
- *rot*
- *orangefarben*
- *gelb*
- *grün*
- *blau*
- *dunkelblau*
- *violett*

Variation :
einen Mantel - einen schwarzen Mantel ●
ein Kleid - ein weißes Kleid ●
eine Hose - eine graue Hose

- Hier gibt es viele *Mäntel. Welchen Mantel* möchten Sie?
- *Den dunkelblauen Mantel*, bitte.
- Welche Größe haben Sie?
- Größe 40.

Welchen … ?
Welche … ?
Welches … ?

Variation :
Kleider - welches Kleid - das gelbe Kleid ●
Hosen - welche Hose - die schwarze Hose

C Ich finde das schön.

1. Wie findest du das?

- Wie findest du den Wollteppich?
- Den finde ich gut. Der gefällt mir.

- Wie finden Sie das Handy?
- Das finde ich modern. Das gefällt mir.

- Wie findest du die Bluse?
- Die finde ich nicht so schön. Die gefällt mir nicht.

Ich finde das schön.
Das gefällt mir (gut).

Nominativ	*ich*	*du*	*er*	*sie*
Dativ	*mir*	*dir*	*ihm*	*ihr*

2. Ja / Nein / Doch

- Findest du den Teppich gut?
- Ja, den finde ich gut.

- Findest du das Handy gut?
- Nein, das finde ich nicht gut.

- Findest du die Brille nicht schön?
- Doch, die finde ich schön.

den Teppich = den
das Handy = das
die Bluse = die

Ja / Nein
Doch / Nein

3. Wie heißt das Kleidungsstück?

der Anzug • das Kleid • der Rock • die Jacke • der Pullover • das Hemd • die Jeans • der Hut • die Mütze • die Handschuhe(*Pl.*) • die Socken(*Pl.*) • die Schuhe(*Pl.*) • die Turnschuhe(*Pl.*) • die Stiefel(*Pl.*)

29 4. Das Gespräch im Kaufhaus

- Guten Tag! Was kann ich für Sie tun?
- Guten Tag! Ich suche eine Jacke.
- Was für eine suchen Sie denn?
- Eine Lederjacke, am liebsten eine schwarze.

da hinten
da vorne

- Welche Größe haben Sie?
- Größe 42.
- Wollen Sie die Jacke mal anprobieren?
- Ja, gern!
  Wo sind die Umkleidekabinen?
- Da vorne.
  (Der Kunde probiert die Jacke an.)
- Gefällt Ihnen die Jacke?
- Ja, die passt mir gut. Ich nehme sie.
- Schön! Die Kasse ist da hinten. Danke!
- Auf Wiedersehen!

30

Bitte hören Sie und kreuzen Sie an.

		richtig	*falsch*
a.	Die Kundin sucht einen Tennisball in der Sportabteilung.	☐	☐
b.	Die Sportabteilung ist im 2. Stock.	☐	☐
c.	Den Jogginganzug findet die Kundin schön.	☐	☐
d.	Der kostet 90 Euro.	☐	☐

Du, du, liegst mir im Herzen

Volksweise (um 1820)

D Grammatik und Wendungen

1 Die Personalpronomen: Dativ

Nominativ	ich	du	er/es	sie	Sie
Dativ	mir	dir	ihm	ihr	Ihnen

2 Verb + Dativ

***helfen / gefallen / gehören* + Dativobjekt**

	helfen	gefallen
ich	helfe	gefalle
du	hil**fst**	gef**ä**llst
er / sie / es	hil**ft**	gef**ä**llt
wir	helfen	gefallen
ihr	helft	gefallt
sie / Sie	helfen	gefallen

Ich helfe dir gern.
Er hilft mir.
Hilft sie ihm?
Wir helfen ihr immer.

Der Mantel gefällt mir.
Du gefällst mir.
Gefällt ihm die Jacke?
Diese Hosen gefallen ihm.

Die Bluse gehört mir.
Der Mantel gehört ihm.
Gehört ihr das Handy?
Diese Bücher gehören mir.

3 Verb + Akkusativ

***es gibt* + Akkusativ**

Es gibt einen Tisch und eine Lampe in meinem Zimmer.
Gibt es im 5. Stock ein Restaurant?
Wo gibt es einen Topf? / Wo gibt es Töpfe?

***finden* + Akkusativ**

Wo finde ich Teppiche?

Ich finde den Teppich schön. Der gefällt mir.

4 Deklination der Adjektive: Indefiniter Artikel + Adjektiv + Nomen

	Nominativ	Akkusativ
ein Teppich	ein blau**er** Teppich	einen blau**en** Teppich
ein Handy	ein klein**es** Handy	ein klein**es** Handy
eine Bluse	eine gelb**e** Bluse	eine gelb**e** Bluse
Bilder	schön**e** Bilder	schön**e** Bilder

5 Demonstrativpronomen

	Sg.			Pl.
	m	f	n	
Nominativ	der	die	das	die
Akkusativ	den	die	das	die

Ist der Mantel ganz neu? - Ja, **der** ist neu.

Hast du das Buch? - Nein, **das** habe ich leider nicht.

Wie finden Sie die Jacke? - **Die** finde ich schön.

Wo findet man Hosen? - **Die** sind da vorne.

6 Wendungen

Kann ich Ihnen helfen?

Wo gibt es Lampen? / Wo finde ich Lampen?

Was für ein Handy / einen Teppich / eine Lampe suchen Sie?

Es tut mir leid. Wir haben keine Lampen.

Darf ich das mal anprobieren?

Wo finde ich Bücher? - Die finden Sie im Erdgeschoss.

Wie findest du die Bluse? - Ich finde die Bluse sehr schön.

E Übungen

1 Wo finde ich was im Kaufhaus? Ergänzen Sie!

Informationen bei Karstadt

3.	Elektronik und Möbel
2.	Sportabteilung
1.	Mode für Damen und Herren
EG	Kosmetik, Bücher
UG	Feinkost, Haushaltswaren

a. Wo finde ich Töpfe? - Die finden Sie im ________ .

b. Wo gibt es Blusen? - Die gibt es im ______ ________ .

c. Gibt es hier im 1. Stock Tassen? - Nein, im ____________ .

d. Wo kauft man Tennisbälle? - ______ kauft man im ______ ______ .

e. Wo finde ich Waschmaschinen? - ______ finden Sie im ______ ______ .

2 Ergänzen Sie!

ein ______ Hemd

______ schwarze Hose

ein ______ Hemd

______ hellblaues Hemd

______ rote Jacke

ein ______ Kleid

______ braune Jacke

eine blaue ______

ein violettes ______

ein Paar ______ Schuhe

______ grauer Mantel

ein ______ Pelzmantel

ein ______ Rock

ein Paar ______ Turnschuhe

3 Was passt wo? Ergänzen Sie!

den • die • das • der

a. Wie findest du den Stuhl?
   - ______ ist super! ______ finde ich sehr gut.

b. Die Lampe da ist schön. ______ gefällt mir!
   - Ja, ______ ist auch praktisch.

c. Gefällt dir der kleine Schrank?
   - Nein, ______ finde ich nicht so gut.

d. Wem gehört dieses Hemd?
   - ______ gehört mir.

4 Wählen Sie ein Dativobjekt.

dir • mir • Ihnen • ihm • ihr

a. Wie geht es ______ , Frau Meier? - Danke, ______ geht es gut.

b. Gehört ______ das Handy, Hans? - Ja, das ist mein Handy.

c. Wie gefällt Christine das Kleid? - Das gefällt ______ sehr gut.

d. Gehört Jürgen der Computer? - Nein, der gehört ______ nicht.

e. Passt ______ die Hose, Herr Müller? - Ja, die passt ______ gut.

f. Hilfst du ______ ? - Ja, ich helfe ______ .

5 Ergänzen Sie bitte.

Ja ● Nein ● Doch

a. Kommen Sie aus Japan? - ______, ich komme aus China.
b. Hast du keine Milch? - ______, hier bitte.
c. Schmeckt das Essen nicht? - ______, es schmeckt gut.
d. Ist der Kuchen von Thomas? - ______, der Kuchen ist von Andrea.
e. Möchten Sie noch einen Kaffee? - ______ danke, keinen Kaffee mehr.
f. Möchtest du ein Eis? - ______, bitte.
g. Ist der Film nicht gut? - ______, er ist sehr gut.
h. Sind die Schuhe nicht schön? - ______, sie sind sehr schön.
i. Hörst du gern Jazz? - ______, sehr gern.
j. Kommt dein Freund nicht? - ______, er kommt später.

31 6 Hören Sie und sprechen Sie nach. Ergänzen Sie!

ä ● ö ● ü

a. Gef__llt Ihnen das neue Handy?
b. Der braune Mantel geh__rt mir, das ist mein Mantel.
c. Die gr__ne Wolljacke gef__llt mir sehr gut.
d. Was f__r eine Hose suchen Sie?

7 Ergänzen Sie den Dialog!

Guten Tag!

→ Guten Tag!
Darf ich Ihnen helfen?

Wo finde ich bitte Sommerkleider?

→ Die finden Sie hier vorne.
Wie gefällt Ihnen das grüne Kleid?

Das ______________________.
Haben Sie ein rotes?

→ Ja, hier ist ein rotes.
Gefällt ______________?

Ja, das ist sehr schön.
__________________________!

→ Gut, kommen Sie bitte zur Kasse!

8

Was machst du heute?

A Was macht Sabine heute?

- Es ist acht Uhr zehn.
- Sabine frühstückt.

auf · stehen	*Sabine steht auf.*
auf · räumen	*Sabine räumt auf.*
fern · sehen	*Sabine sieht fern.*

1. Tagesablauf

Bitte erzählen Sie.

um
von … bis

Wann steht Sabine auf? Was macht sie um … Uhr?

Um 7 Uhr steht sie auf. Um zehn nach acht frühstückt sie. …

2. Was macht sie / er, und wann macht sie / er das?

Wann siehst du fern? - Am Abend.
Wann gehst du ins Bett? - Um 1 Uhr.

jeden Morgen	*am Morgen*	*um 6 Uhr morgens*
jeden Tag	*am Vormittag*	*um 9 Uhr vormittags*
jeden Abend	*am Nachmittag*	*um 3 Uhr nachmittags*
	am Abend	*um 7 Uhr abends*

Sprechen Sie über Ihre Partnerin und Ihren Partner.

Meine Partnerin heißt Sumin. Sie steht jeden Morgen um 6.30 auf. Sie frühstückt nicht. Um 8 Uhr morgens fährt sie zur Uni. ··· Um 7 Uhr abends fährt sie wieder nach Hause.

3. Was machst du gern?

Bitte fragen Sie Ihre Partnerin / Ihren Partner.

	gern	nicht so gern
Deutsch lernen	Ich lerne gern Deutsch.	
Musik hören		
Hausaufgaben machen		
Bücher lesen		
früh auf·stehen		
ein·kaufen		
Zimmer auf·räumen		
fern·sehen		
ins Theater gehen		
E-Mail schreiben		
Computerspiele machen		
spazieren gehen		
schwimmen		

Was tut Ihre Partnerin / Ihr Partner gern? Bitte fragen Sie.

- Lernst du gern Deutsch?
- Ja, ich lerne sehr gern Deutsch.
- Hörst du gern Techno-Musik?
- Nein, ich höre nicht so gern Techno-Musik. Sie ist zu laut.

Bitte berichten Sie.

Meine Partnerin lernt sehr gern Deutsch. Aber sie hört nicht so gern Musik.
Sie …

B Wie spät ist es?

Wie spät ist es? / Wie viel Uhr ist es?

Bitte hören Sie die Uhrzeiten und sprechen Sie nach.

4.30 6.12 9.53 15.28 12.10 7.15 23.59 17.32 13.24

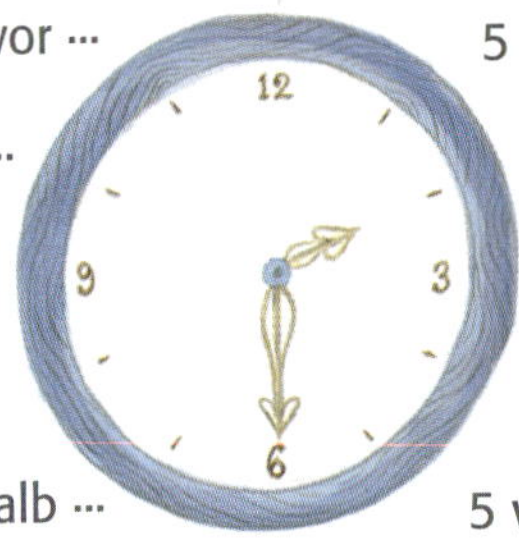

formell	informell
Es ist 9 Uhr 5 / 21 Uhr 5.	Es ist fünf nach neun.
Es ist 10 Uhr 15 / 22 Uhr 15.	Es ist Viertel nach zehn.
Es ist 11 Uhr 25 / 23 Uhr 25.	Es ist fünf vor halb zwölf.
Es ist 12 Uhr 30 / 0 Uhr 30.	Es ist halb eins.
Es ist 13 Uhr 35 / 1 Uhr 35.	Es ist fünf nach halb zwei.
Es ist 14 Uhr 45 / 2 Uhr 45.	Es ist Viertel vor drei.

Wie viel Uhr ist es? Bitte schreiben Sie informelle Uhrzeiten.

2.15

Viertel nach zwei

5.45

______

9.30

______

13.35

______

C Verabredung

33 1. Ja, gern.

- Hallo, Andrea!
- Hallo, Sumi.
- *Gehen wir ins Kino*? Hast du Lust?
- Ja, gern! Wann denn?
- *Heute Abend*.
- *Heute Abend*? Da habe ich leider keine Zeit.
- Hast du dann *am Samstag* Zeit?
- Ja, da habe ich Zeit.
- Super! Dann treffen wir uns *am Samstag um 6.30 Uhr*.
- O.K.

Variation : in die Bibliothek gehen - heute Nachmittag - morgen - morgen um 2 Uhr ●
ins Theater gehen - am Samstag - am Sonntag - am Sonntag um 6.30 Uhr ●
schwimmen gehen - am Mittwoch - am Donnerstag - am Donnerstag um 3 Uhr

34 2. Tut mir leid.

- Ich habe zwei Theaterkarten. Hast du am Freitag Zeit?
- Tut mir leid. Da habe ich schon eine Verabredung.
- Schade! Na, dann vielleicht ein anderes Mal.

- *Am Freitag gehe ich ins Museum*. Kommst du mit?
- Tut mir leid. Da habe ich etwas vor.
- Schade! Na, dann vielleicht ein anderes Mal.

Variation : am Samstag - ins Kino gehen ●
am Wochenende - einkaufen gehen ●
morgen - essen gehen

heute, morgen, übermorgen

am Montag, am Dienstag, am Mittwoch, am Donnerstag, am Freitag

am Samstag / Sonnabend, am Sonntag

am Samstag und Sonntag = am Wochenende

D Grammatik und Wendungen

1 Trennbare Verben

auf · stehen → Sabine steht auf.
auf · räumen → Sabine räumt auf.
an · rufen → Thomas ruft an.
aus · gehen → Thomas geht aus.
ein · kaufen → Ich kaufe ein.
fern · sehen → Ich sehe fern.

2 Trennbare Verben im Satz

	Position2		Ende
Sabine	steht	um 7 Uhr	auf.
Sabine	räumt	das Zimmer	auf.
Thomas	ruft	seine Freundin	an.
Wir	gehen	heute Abend	aus.
Ich	kaufe	im Supermarkt	ein.
Ich	sehe	abends	fern.

3 Verb: Position im Hauptsatz

	Position2		
Thomas	geht	am Morgen	zur Uni.
Am Morgen	geht	Thomas	zur Uni.

4 Temporale Präpositionen

Wann gehen Sie zur Uni? - um 12 Uhr
- am Morgen
- am Montag
- in der Nacht
- von Montag bis Freitag

5 Verbkonjugation

	fern · sehen	lesen	treffen	wissen
ich	sehe fern	lese	treffe	**weiß**
du	**sie**hst fern	**lie**st	tri**ff**st	**weißt**
er/sie/es	**sie**ht fern	**lie**st	tri**ff**t	**weiß**
wir	sehen fern	lesen	treffen	wissen
ihr	seht fern	lest	trefft	wisst
sie/Sie	sehen fern	lesen	treffen	wissen

6 Wendungen

Wie spät ist es?
Wie viel Uhr ist es? - Es ist 2 Uhr.
Wann hast du Vorlesungen? - Um 2 Uhr. / Von 9 bis 13 Uhr.

Sabine steht um 7 Uhr auf.
Sie fährt um 9 Uhr morgens zur Uni.
Sie kommt um 6 Uhr abends wieder nach Hause.

Hast du Zeit? - Ja, ich habe Zeit.
- Nein, ich habe keine Zeit.

Tut mir leid.
Schade.

E Übungen

1 Füllen Sie bitte aus!

	formell		informell
a.	sechs Uhr fünf	6.05	....
b.	sechzehn Uhr dreißig	....	....
c.	zwei Uhr fünfzehn	....	....
d.	....	13.00	....
e.	....	14.55	....
f.	....	15.45	....

2 Antworten Sie, bitte!

a. Stehen Sie früh auf? - Ja, ...
Nein, ...

b. Räumen Sie gern auf? - Ja, ...
Nein, ...

c. Sehen Sie gern fern? - Ja, ...
Nein, ...

d. Lesen Sie nicht gern? - Doch, ...
Nein, ...

e. Schwimmen Sie nicht gern? - Doch, ...
Nein, ...

3 Das ist der Tagesablauf von Sabine. Ergänzen Sie!

Mein Tag

7 : 00	*aufstehen*	*5 : 00*	*einen Computerkurs besuchen*
10 : 00	*zur Uni gehen*	*7 : 00*	*nach Hause fahren*
12 : 30	*zu Mittag essen*	*8 : 00*	*Hausaufgaben machen*
2 : 00 - 3 : 15	*eine Vorlesung haben*	*11 : 00*	*ins Bett gehen*

Sabine ________ um 7 Uhr ______ .

______ 10 Uhr ________ sie zur Uni.

Sie ________ _____ 12.30 Uhr zu Mittag.

Dann ________ sie eine Vorlesung. Die Vorlesung dauert _______ 2 Uhr _______ 3.15.

Um 5 Uhr ________ sie einen Computerkurs. Sie ________ um 7 Uhr nach Hause.

Sie ________ noch Hausaufgaben.

Um 11 Uhr ________ sie ins Bett. Zum Fernsehen und Spazierengehen hat sie leider keine Zeit. Aber am Samstag und Sonntag hat sie mehr Zeit.

4 Bitte ergänzen Sie.

a.

Hallo, Petra, _______ du
_______ Sonntag Zeit?
_______ 3 Uhr _______ ich
mit Peter ins Kino.
Komm___ du _______ ?
Stefan

b.

Hallo, Stefan.
Tut _______ _______ ,
ich _____ _____ Sonntag keine Zeit.
Da gehe ich mit meinen
Eltern schwimmen.
Schade, vielleicht ___ nächsten Sonntag.
Petra

5 Bitte bilden Sie einen Satz.

a. fernsehen - ich - heute Abend - .
Heute Abend sehe ich fern. / Ich sehe heute Abend fern.

b. du - um sieben Uhr - aufstehen - ?

c. er - um elf Uhr - gehen - ins Bett - .

d. am Abend - duschen - sie (*Sg.*) - nicht - gern - .

e. wann - du - ins Kaufhaus - gehen - heute - ?

f. essen - ich - Hähnchen mit Pommes - gern - nicht - .

g. sie (*Sg.*) - ihr Zimmer - samstags - aufräumen - ?

h. wir - am Samstag - spielen - Fußball - .

i. er - in der Nacht - hören - gern - Musik - .

9

Wetter und Freizeit

A Wie ist das Wetter?

1. Heute ist das Wetter schön.

- Wie ist das Wetter heute?
- Es ist schön. Die Sonne scheint.

Die Sonne scheint.

Es regnet.

Es ist bewölkt.

Es ist windig.

Es schneit.

Temperatur

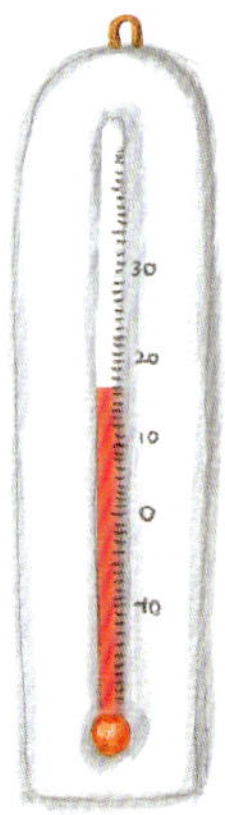

30 Grad	Es ist heiß.
20 Grad	Es ist warm.
10 Grad	Es ist kühl.
0 Grad	Es ist kalt.
- 10 Grad	

- Wie ist das Wetter heute?
- Es sind *dreißig Grad. Und die Sonne scheint.*

Variation : 20 Grad - Regen ● 28 Grad - Wolke ● 16 Grad - Wind ● -5 Grad - Schnee

2. Der Wetterbericht - Deutschland

Ergänzen Sie!

Im Osten regnet es. Es sind 3 Grad.

__________ schneit es. Es sind minus 2 Grad.

Im Süden ist es __________. Es sind __________________.

Im Westen __________________. Es __________________.

B Die vier Jahreszeiten

1. Die vier Jahreszeiten

- Wie ist das Wetter in Deutschland?
- Im Frühling sind es dort ca. 12 Grad, und es regnet häufig.
  Im Sommer sind es dort ca. 24 Grad, im Herbst ca. 10 Grad und im Winter ca. 0 Grad.
  Im Herbst kann man oft den goldenen Oktober genießen. In dieser Zeit scheint die Sonne häufig.

2. Wie sind die Jahreszeiten in Ihrem Land?

Im Frühling ist es warm und windig.
Im ____________ ist es sehr ____________ , und es regnet viel.
____________ ist das Wetter in Korea sehr schön.
Im Winter ______________________________ .

C Was machst du in der Freizeit?

1. Meine Hobbys

- Was ist dein Hobby?
- *Musik hören*. Und was machst du in der Freizeit?
- Ich treibe gern Sport. Ich gehe gern schwimmen.

- Was ist dein Hobby?
- *Fahrrad fahren*. Und was machst du in der Freizeit?
- Ich singe sehr gern.

Variation :
ins Kino gehen ● Freunde treffen ● tanzen ● Klavier spielen ● schlafen ● wandern ● lesen ● zeichnen ● Inline-Skate laufen ● kochen

Fragen Sie Ihre Partnerin oder Ihren Partner und schreiben Sie über sie / ihn.

Name :
Land :
Alter :
Hobbys :
Lieblingsfilm :
Lieblingsbuch :
Lieblingssänger :
E-Mail Adresse :

Erzählen Sie von Ihrer Partnerin / Ihrem Partner!

● Was macht Ihre Partnerin gern in der Freizeit?
■ Sie liest / schläft gern.
Und sie trifft auch gern Freunde.
Ihr Lieblingsfilm ist „Das Leben der Anderen".

ich	*schlafe*
du	*schläfst*
er	*schläft*

2. Das kann ich leider nicht.

Sie **kann** gut malen.

Ich **muss** mehr Sport machen.

Man **darf** hier nicht schwimmen.

Ich **will** nach Berlin fahren.

35 ● *Es ist schönes Wetter* heute! Was machst du?
Wollen wir *in die Stadt gehen*?
■ Das möchte ich so gern! Aber das **kann** ich leider nicht.
Ich **muss** *zu Hause meiner Mutter helfen.*

Variation :
es regnet - ins Konzert gehen - mein Zimmer aufräumen ●
warm - Grillparty machen - für den Test lernen

ich will... ich möchte... ich kann...
ich darf... ich muss...

36 ● Wollen wir jetzt *Musik hören*?
■ Das möchte ich so gern!
Aber das darf ich leider nicht.
Meine Großmutter ist krank und braucht Ruhe.

Variation :
Gitarre spielen und singen ● tanzen

3. Was machst du in den Ferien?

● Was machst du in den Ferien?
■ Im Sommer fahre ich an die Ostsee. Da mache ich einen Campingurlaub.
● Und wo fährst du im Winter hin?
■ Im Winter fahre ich nach Süddeutschland, in die Alpen.
Da schneit es sehr viel, und man kann gut Ski fahren.

Ich kann....
Du kannst....
Er kann...

Antworten Sie! Und fragen Sie auch Ihre Partnerin / Ihren Partner!

	Ich	*Meine Partnerin / Mein Partner*
Was machst du in den Ferien? Was machen Sie in den Ferien?	Ich habe einen Ferienjob.	Sie / Er ________ .
Wo fährst du hin? Wo fahren Sie hin?	Ich fahre nach ________ .	Sie / Er ________ .
Was kannst du dort machen? Was können Sie dort machen?	Ich kann ________ .	Sie / Er ________ .

37

4. Wettervorhersage

Was ist richtig oder falsch?

	richtig	*falsch*
a. Am Mittwoch ist es meist bewölkt.	☐	☐
b. In Ost- und Süddeutschland regnet es.	☐	☐
c. Im Westen ist es sonnig.	☐	☐
d. Am nächsten Tag ist es sehr windig.	☐	☐

D Grammatik und Wendungen

1 Wetter und Tageszeit: *es*

Es regnet. / **Es** schneit. / **Es** ist schön. / **Es** ist bewölkt. /
Es ist windig. / **Es** ist sonnig.

Wie spät ist **es** jetzt? - **Es** ist 10 Uhr.

2 Modalverben

	dürfen	können	müssen	wollen
ich	darf	kann	muss	will
du	darfst	kannst	musst	willst
er/sie/es/man	darf	kann	muss	will
wir	dürfen	können	müssen	wollen
ihr	dürft	könnt	müsst	wollt
sie/Sie	dürfen	können	müssen	wollen

3 Modalverben im Satz

	Position 2		Ende
Man	darf	hier nicht	rauchen.
Ich	kann	gut	singen.
Du	musst	jetzt ins Bett	gehen.
Wir	wollen	am Samstag einen Ausflug	machen.

Man darf hier nicht parken.
Man kann in diesem Restaurant gut essen und trinken.
Man muss in der Bibliothek leise sein.

4 Verbkonjugation: Vokalwechsel in der 2. / 3. Pers. Sg.

e → i	ich	esse	ich helfe, du h**i**lfst, man h**i**lft ich treffe, du tr**i**ffst, man tr**i**fft
	du	isst	
	er/sie	isst	
	wir	essen	
	ihr	esst	
	sie/Sie	essen	

e → ie	ich	lese	ich sehe, du s**ie**hst, man s**ie**ht ich empfehle, du empf**ie**hlst, man empf**ie**hlt
	du	liest	
	er/sie	liest	
	wir	lesen	
	ihr	lest	
	sie/Sie	lesen	

a → ä	ich	fahre	ich schlafe, du schl**ä**fst, man schl**ä**ft ich laufe, du l**ä**ufst, man l**ä**uft
	du	fährst	
	er/sie	fährt	
	wir	fahren	
	ihr	fahrt	
	sie/Sie	fahren	

5 Präposition: *in*

Wohin? ***in* + Akkusativ**

Ich gehe jetzt ins Kino.

ins = in das
im = in dem

Wo? ***in*** **+ Dativ**

Im Osten ist es sonnig.

Wann? ***in*** **+ Dativ**

Im Winter schneit es.

In der Nacht regnet es.

6 Wendungen

Wie ist das Wetter? - Die Sonne scheint. / Es regnet. / Es schneit.
Es ist sonnig. / Es ist bewölkt. / Es ist windig.
Es ist warm. / Es ist heiß. / Es ist kühl. / Es ist kalt.

Im Frühling ist es warm.

Im Westen sind es ca. 12 Grad. (ca. = circa)

Was ist dein Hobby? - Ich lese gern.

Mein Lieblingsbuch ist ...

Mein Lieblingsfilm ist ...

Meine Lieblingsmusik ist ...

Notiz

E Übungen

1 Ordnen Sie zu.

Darf	ich Ihnen helfen?
Wollen	man hier rauchen?
Kann	du mit mir ins Kino gehen?
Willst	ich dein Zimmer aufräumen?
Könnt	wir am Samstag Fußball spielen?
Muss	ihr bitte das Frühstück machen?

2 Setzen Sie die passenden Verbformen in die Lücken ein.

a. Anna ____________ gern Schokolade. (essen)
b. Ihr ____________ zu viel Schokolade. (essen)
c. Jeden Tag ____________ Stefanie Zeitung. (lesen)
d. Er ____________ nach München. (fahren)
e. ____________ du heute deinen Freund? (treffen)
f. Er ____________ immer Pommes. (nehmen)
g. Warum ____________ du nicht gut? (schlafen)
h. Es ____________ am Vormittag. (regnen)
i. Er ____________ mir immer. (helfen)

3 Ergänzen Sie.

im • ins • in der • in die

a. Heute wollen wir ________ Theater gehen.
b. ________ Nacht regnet es.
c. Die Sonne scheint ________ Norden.

d. ________ Westen ist es bewölkt.
e. Er geht jetzt ________ Kino.
f. ________ Winter ist es kalt.
g. ________ Osten ist es sonnig.
h. Sonntags gehe ich ________ Kirche.
i. ________ Sommer regnet es sehr häufig.

4 Hören Sie und ergänzen Sie.

38

sch ● s ● ss ● ß

a. Heute i____t es ____onnig.
b. Im Winter ____neit es.
c. ____ie geht in die ____ule.
d. Er macht ____port.
e. Die ____onne ____eint.
f. Ihr wi____t das ____on.
g. Das ____meckt gut.
h. Wie ____pät ist es?
i. Er geht gern ____pazieren.
j. Ich e____e gern Pizza.
k. Ich gehe ____wimmen.
l. Er wei____ da____.

5 Bilden Sie einen Satz.

a. gehen - zum Arzt - sie - ***müssen***
Sie ***muss*** zum Arzt gehen.

b. ich - das - verstehen - nicht - können
________________________________.

c. wollen - Käsekuchen - ihr - nehmen

______________________________________?

d. hineingehen - man - hier - dürfen- nicht

______________________________________.

e. gut - kochen - können - er

______________________________________.

f. wollen - am Wochenende - sie (*Pl.*)- fahren - Fahrrad

______________________________________.

g. am Freitag - ich - machen - wollen - eine Party

______________________________________.

h. Stefanie - in die Schule - gehen- nicht- können

______________________________________.

i. ich - den Deutschkurs - mitmachen - dürfen

______________________________________?

j. müssen - heute - du - bezahlen - die Rechnung

______________________________________.

10

Was hast du gemacht?

A ▸▸ Tagesablauf erzählen

B ▸▸ Wochentage und Wochenende

C ▸▸ Grammatik und Wendungen

D ▸▸ Übungen

A Tagesablauf erzählen

1. Was macht Sabine? Was hat Sabine gemacht?

Sie duscht.
Sie **hat** ________

Sie frühstückt.
Sie **hat** ________

Sie hört Musik.
Sie **hat** Musik ________

Sie schickt eine SMS.
Sie **hat** eine SMS ________

Sie macht Hausaufgaben.
Sie **hat** Hausaufgaben ________

Sie geht ins Bett.
Sie **ist** ins Bett ________

- Was hat sie gemacht?
- Sie hat Musik gehört.

- Was hast du gemacht?
- Ich habe eine SMS geschickt.

- Was habt ihr gemacht?
- Wir haben Hausaufgaben gemacht.

	hören				**gehen**	
ich	***habe***	***gehört***		*ich*	***bin***	***gegangen***
du	***hast***	***gehört***		*du*	***bist***	***gegangen***
er/sie	***hat***	***gehört***		*er/sie*	***ist***	***gegangen***

39

Bitte hören Sie und sprechen Sie nach.

gekocht • gesprochen • gearbeitet • gekommen • gespielt • gefrühstückt • gemacht • spazieren gegangen • geschrieben • gegessen • gelernt • gehört • gelesen

Bitte ordnen Sie zu.

gefragt • gekocht • gefahren • gelesen • geschrieben • gesprochen • gelernt • gegessen • gearbeitet • gekommen • gemacht • geantwortet

kochen	______	essen	______
lernen	______	schreiben	______

arbeiten	________	sprechen	________
machen	________	fahren	________
lesen	________	kommen	________
fragen	________	antworten	________

2. Mein Tag

Bitte erzählen Sie im Perfekt.

7:00	Wecker klingeln
10:00	zur Uni fahren
12:30	zu Mittag essen
2:00 - 4:00	Vorlesung haben
7:00	nach Hause gehen
8:00	Hausaufgaben machen
11:00	ins Bett gehen

Ich war zu Hause.
Ich hatte Vorlesungen.

Um 7 Uhr hat der Wecker geklingelt.
Um 10 Uhr bin ich ….
Von … bis … hatte ich eine Vorlesung.

B Wochentage und Wochenende

Februar diesen Monat

Mo	Di	Mi	Do	Fr	Sa	So
27	28	29	30	31	1	2
|←			letzte Woche			→|
3	4	5	6	7	8	9
vorgestern	gestern	heute			am Wochenende	
|←			diese Woche			→|

1. Was hast du gestern gemacht?

Fragen Sie Ihre Partnerin / Ihren Partner.

gestern • gestern Morgen • am Samstagabend • letzte Woche • vorgestern • gestern Nachmittag • am Freitagabend • am Wochenende • gestern Abend

- Was hast du *gestern Abend* gemacht?
- Ich habe Hausaufgaben gemacht.

- Was hast du *am Wochenende* gemacht?
- Ich war zu Hause. Meine Freunde sind gekommen.

- Was hast du *am Freitagabend* gemacht?
- Ich bin / habe …

2. Wann hast du was gemacht? Bitte fragen Sie im Kurs.

40

kochen • arbeiten • ein Buch lesen • Computer spielen • Musik hören • E-Mail schreiben • nach Hause gehen • für den Test lernen • Spaghetti essen • nach Busan fahren • Freunde treffen • Urlaub machen • Ski / Fahrrad fahren • ins Theater / Museum gehen • Tennis / Karten / Klavier spielen

- ● Wann hast du Urlaub gemacht?
- ■ Im Dezember habe ich Urlaub gemacht.

- ● Wann bist du nach Busan gefahren?
- ■ In den Ferien bin ich nach Busan gefahren.

- ● Wann hast du Computer gespielt?
- ■ Gestern habe ich „Crazy Arcade“ gespielt.

um 8 Uhr	*am Montag*	*im März*	*diesen Monat*
von 10 bis 12 Uhr	*am Dienstag*	*im Mai*	*letzten Monat*
	am Mittwoch	*im Juni*	*in den Ferien*
	am Donnerstag	*im Juli*	
	am Freitag	*im September*	
	am Samstag	*im November*	
	am Sonntag	*im Dezember*	

3. Was hast du am Wochenende gemacht?

ins Kino gehen • in die Disco gehen • essen / schwimmen / spazieren / tanzen gehen • mit dem Auto nach ... fahren • mit dem Bus nach ... fahren • Inline-Skate laufen • in die Kirche gehen • zu Hause bleiben

4. Mina am Telefon

41

Bitte hören Sie den Dialog und markieren Sie.

a. Wo war Mina gestern Abend?

☐ bei Markus ☐ in der Stadt ☐ bei ihrem Bruder

b. Wann hat ihr Bruder Geburtstag?

☐ im April ☐ im Mai ☐ im Juni ☐ im Juli

c. Sie hat ein Geschenk gekauft.

☐ für ihren Bruder ☐ für sich selbst ☐ für ihre Schwester

d. Was hat sie gekauft?

☐ Trainingsanzug ☐ Badehose ☐ Schwimmbrille

C Grammatik und Wendungen

1 Perfekt mit *haben*

Infinitiv	Präsens	***haben + ge ...t***
lernen	ich lerne	ich habe **ge**lern**t**
machen	ich mache	ich habe **ge**mach**t**
arbeiten	ich arbeite	ich habe **ge**arbeit**et**
hören	ich höre	ich habe **ge**hör**t**

Infinitiv	Präsens	***haben + ge ...en***
sprechen	sie spricht	sie hat **ge**spr**o**ch**en**
lesen	sie liest	sie hat **ge**les**en**
essen	sie isst	sie hat **ge**gess**en**
schreiben	sie schreibt	sie hat **ge**schr**ie**b**en**

2 Perfekt mit *sein*

Infinitiv	Präsens	***sein + ge ...en***
gehen	er geht	er **ist gegangen**
fahren	er fährt	er **ist ge**fahr**en**
kommen	er kommt	er **ist ge**komm**en**
laufen	er läuft	er **ist ge**lauf**en**

3 Verbkonjugation: *sein* und *haben* im Präteritum

	sein	haben
ich	war	hatte
du	warst	hattest
er/sie/es	war	hatte
wir	waren	hatten
ihr	wart	hattet
sie/Sie	waren	hatten

4 Wortstellung im Perfekt

	Position 2		Ende
Sie	ist	nach Busan	gefahren.
Ich	habe	Zeitung	gelesen.
Gestern	habe	ich ein Geschenk	gekauft.
	Hat	er einen Brief	geschrieben?

5 Temporale Präpositionen: *am, im, um*

Tag Tageszeit	Sabine Ich	hatte bin	am am	Sonntag Nachmittag	Geburtstag. gekommen.
Monat Jahreszeit	Hans Er	hat fährt	im im	Januar Winter	Urlaub gemacht. sehr gern Ski.
Uhrzeit	Ich	habe	um	10 Uhr	gefrühstückt.

6 Wendungen

heute / gestern / gestern Abend / vorgestern
am Freitag / am Samstag / am Sonntag
am Wochenende / letzte Woche
im Juli / im August / im September

Gestern Abend habe ich Hausaufgaben gemacht.
Vorgestern bin ich mit meinen Freunden nach Busan gefahren.
Letzte Woche hatte ich Prüfungen.
Am Wochenende war ich zu Hause.

Ich habe im Frühling Geburtstag.
Im Mai hat mein Bruder Geburtstag.

D Übungen

1 Ergänzen Sie!

ich habe	geschlafen	schlafen
du hast	gefrühstückt	______
er/sie hat	gegessen	______
wir haben	gelernt	______
ihr habt	gearbeitet	______
sie haben	gemacht	______
	gelesen	______
	gehört	______
	geschrieben	______
	gespielt	______
	gekauft	______
	studiert	______

2 Ergänzen Sie die Fragen!

a	frühstücken:	Wann ______	du gestern ______?
b.	Musik hören:	Wie lange ______	du Musik ______?
c.	Deutsch lernen:	Wie lange ______	du Deutsch ______?
d.	Hausaufgaben machen:	Wann ______	du Hausaufgaben ______?
e.	Freunde treffen:	Wann ______	du Freunde ______?
f.	nach Hause kommen:	Wann ______	du nach Hause ______?
g.	Spaghetti essen:	Wann ______	du Spaghetti ______?
h.	das Buch lesen:	Wann ______	du das Buch ______?
i.	ins Bett gehen:	Wann ______	du ins Bett ______?
j.	schlafen:	Wie lange ______	du am Wochenende ______?

3 Antworten Sie zu Übung 2 in ganzen Sätzen.

Um 8 habe ich mit meiner Familie zusammen gefrühstückt.
Von 9 bis 10 habe ich Deutsch ...

4 Was ist richtig? Kreuzen Sie an.

		hat	*ist*	
a.	Sie	☐	☐	geduscht.
b.	Er	☐	☐	gestern gearbeitet.
c.	Er	☐	☐	Pizza gegessen.
d.	Sie	☐	☐	schon nach Hause gegangen.
e.	Er	☐	☐	nach Berlin gefahren.
f.	Sie	☐	☐	gern Comics gelesen.
g.	Er	☐	☐	erst gestern gekommen.
h.	Sie	☐	☐	in München studiert.
i.	Er	☐	☐	seine Freunde aus Zürich getroffen.
j.	Sie	☐	☐	einen Ausflug gemacht.
k.	Er	☐	☐	ein Geschenk gekauft.
l.	Sie	☐	☐	zu Hause geblieben.

5 *War* oder *hatte*? Ergänzen Sie!

	früher	*jetzt*
a.	Ich war unglücklich.	Ich bin glücklich.
b.	Ich ________ jung.	Ich bin nicht mehr jung.
c.	Er ________ Student.	Er ist Lehrer.
d.	Wir ________ Freunde.	Wir sind verheiratet.
e.	Sie ________ Hunger.	Sie hat Durst.
f.	Ich ________ Lust.	Ich habe keine Lust.
g.	Du ________ ein Mädchen.	Du bist eine Frau.
h.	Es ________ Winter.	Es ist Frühling.
i.	Ich ________ einen Hund.	Ich habe eine Katze.

6 Ergänzen Sie! Gestern war alles anders!

Ich schlafe sehr gern. Aber gestern habe ich zu wenig geschlafen.

a. Ich esse gern Pizza. Aber gestern ________ ich keine Pizza ________ .

b. Ich gehe gern ins Kino. Aber gestern ________ ich ins Theater ________ .

c. Ich arbeite nicht gern. Aber gestern ________ ich viel ________ .

d. Ich komme spät am Abend nach Hause.
Aber gestern ________ ich schon um 5 Uhr nach Hause ________ .

e. Am Abend lese ich gern. Aber gestern ________ ich nichts ________ .
Ich ________ keine Lust.

f. Ich gehe spät ins Bett. Aber gestern ________ ich früh ins Bett ________ .
Gestern war wirklich alles anders!

7 Was haben Sie am Wochenende gemacht? Schreiben Sie!

a. lange schlafen	Am Sonntag ______
b. duschen und frühstücken	Zuerst ______
c. in die Kirche gehen	Dann ______
d. im Chor singen	Da ______
e. Freunde treffen	Am Nachmittag ______
f. einkaufen gehen	Wir sind zusammen ______
g. einen Badeanzug kaufen	Ich ______
h. zu Hause sein	Am Abend ______
i. Wäsche waschen	Ich ______
j. etwas kochen	und ______
k. einen Film sehen	Danach ______
l. ins Bett gehen	Anschließend ______

8 Fragen Sie Ihre Partnerin / Ihren Partner. Benutzen Sie die Verben von Übung 7.

- ● Bist du in die Kirche gegangen?
- ■ Ja, ich bin in die Kirche gegangen.
  Nein, ich bin nicht in die Kirche gegangen.

- ● Hast du ... gemacht?
- ■ ...

9 Schreiben Sie Sätze im Perfekt.

a. gestern Abend - ich - bleiben - zu Hause - .

______

b. wir - letztes Jahr - Spanisch - lernen - .

c. Monika - nach Hause - spät - kommen - am Freitag - .

d. ich - kaufen - letzte Woche - im Kaufhaus - eine Hose - .

e. am Nachmittag - es - regnen - viel - .

f. am Montag - meine Mutter - etwas Koreanisches - kochen - für mich - .

g. wo - ihr - Deutsch - lernen - ?

h. ich - im Urlaub - Ski fahren - .

i. er - gestern - aus Berlin - eine Mail - schreiben - .

j. letztes Wochenende - haben - wir - einen Autounfall - .

11

Willkommen in Deutschland

A ▸▸ Grüße aus Berlin

B ▸▸ Tina in Berlin

C ▸▸ Grammatik und Wendungen

D ▸▸ Übungen

A Grüße aus Berlin

1. Eine E-Mail

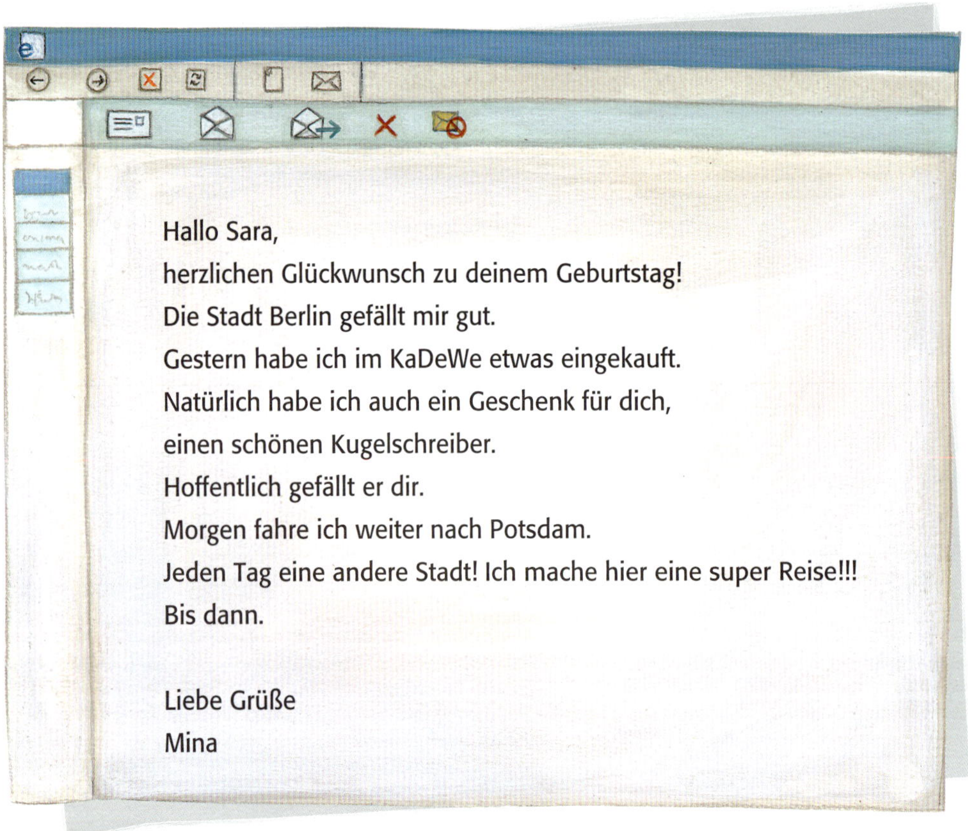

Hallo Sara,
herzlichen Glückwunsch zu deinem Geburtstag!
Die Stadt Berlin gefällt mir gut.
Gestern habe ich im KaDeWe etwas eingekauft.
Natürlich habe ich auch ein Geschenk für dich,
einen schönen Kugelschreiber.
Hoffentlich gefällt er dir.
Morgen fahre ich weiter nach Potsdam.
Jeden Tag eine andere Stadt! Ich mache hier eine super Reise!!!
Bis dann.

Liebe Grüße
Mina

Sanssouci Potsdam

Kaiser-Wilhelm-Gedächtnis-Kirche Berlin

2. Ein Brief

Berlin, den 17. Sept. 2008

Sehr geehrte Frau Brendel,

vielen Dank für Ihre Hilfe. Ich habe endlich ein schönes Zimmer bekommen. Ich habe Herrn Schmidt besucht und über das Studium in Berlin gesprochen. Er hat mir viele Tips für das Studium gegeben.
Er war sehr freundlich und hat mir viel geholfen. Jetzt kann ich mit meinem Studium hier anfangen.
Ich melde mich bald wieder.

Mit freundlichen Grüßen
Ihr Minu Kim

ich gehe	*ich bin gegangen*
ich komme an	*ich bin angekommen*
ich kaufe	*ich habe gekauft*
ich kaufe ein	*ich habe eingekauft*
ich besuche	*ich habe besucht*
ich studiere	*ich habe studiert*
ich gebe	*ich habe gegeben*
ich spreche	*ich habe gesprochen*

B Tina in Berlin

1. Tina hat in Berlin Urlaub gemacht.

Bitte ordnen Sie zu.

in die Diskothek gegangen • viel gegessen • Alkohol getrunken •
viel eingekauft • die Stadt besichtigt • gut angekommen •
Freunde getroffen • Tante besucht • Bücher gelesen

2. Tina telefoniert mit Mathias.

Was sagt sie am Telefon?
Bitte sehen Sie die Bilder auf der Seite 128 und markieren Sie!

Tina schreibt einen Brief an Katrin. Was hat sie wirklich gemacht?
Schreiben Sie den Brief richtig.

die Stadt besichtigen • viel einkaufen • viele Freunde treffen • in die Diskothek gehen • viel essen • Alkohol trinken

Berlin, 2. 5. 08

Liebe Katrin,

die Zeit hier in Berlin ist fantastisch.

Das Wetter ist auch wunderschön. Ich habe …

C Internetprojekt

Besuchen Sie die Website www.berlin.de oder www.berlin-tourist-information.de und lösen Sie die folgenden Aufgaben.

a. Die Bundeshauptstadt Berlin hat viele Sehenswürdigkeiten.
   Was möchten Sie sehen?
   Bitte wählen Sie 5 Sehenswürdigkeiten aus, und schreiben Sie sie auf.

b. Besuchen Sie gern Museen? In Berlin gibt es viele Museen.
   Welche Museen möchten Sie besichtigen? Bitte schreiben Sie eine Liste mit 3 Museen.

c. In Berlin kann man gut essen. Was sind Berliner Spezialitäten?

d. Sie suchen eine Unterkunft. Sie können maximal 50 Euro pro Nacht bezahlen.
   Wo können Sie schlafen?

e. Möchten Sie weiterreisen?
   Sie können auf folgenden Homepages Informationen über folgende Städte bekommen :

   www.muenchen.de

   www.hamburg.de

   www.hamburg-tourismus.de

   www.frankfurt.de

   www.frankfurt-tourismus.de

Marienplatz München

Zwinger Dresden

Frauenkirche München

Semperoper Dresden

Hofburg Wien

D Grammatik und Wendungen

1 Partizip II

Trennbare Verben

ein·kaufen	→	ein**ge**kauf**t**
auf·räumen	→	auf**ge**räum**t**
fern·sehen	→	fern**ge**seh**en**

Untrennbare Verben

besuchen	→	besuch**t**
verkaufen	→	verkauf**t**
gefallen	→	gefall**en**

Verben auf -*ieren*

fotografieren	→	fotografier**t**
informieren	→	informier**t**
studieren	→	studier**t**

2 Perfekt mit *haben*

Infinitiv	Präsens	Perfekt
anrufen	Ich rufe an.	Ich habe angerufen.
einladen	Ich lade ein.	Ich habe eingeladen.
studieren	Ich studiere.	Ich habe studiert.
diskutieren	Ich diskutiere.	Ich habe diskutiert.
helfen	Er hilft mir.	Er hat mir geholfen.
gefallen	Es gefällt mir.	Es hat mir gefallen.

3 Perfekt mit *sein*

Infinitiv	Präsens	Perfekt
ankommen	Ich komme an.	Ich bin angekommen.
ausgehen	Ich gehe aus.	Ich bin ausgegangen.
bleiben	Ich bleibe.	Ich bin geblieben.

4 Wendungen

Liebe / Lieber ...	Viele Grüße / Herzliche Grüße / Bis bald! / Bis dann! Dein(e) ...
Sehr geehrte / Sehr geehrter ...	Mit freundlichen Grüßen Ihr(e) ...

Herzlichen Glückwunsch zum Geburtstag!

Notiz

E Übungen

1 Ergänzen Sie!

a.	Ich habe	eingekauft.	einkaufen
b.	Du hast	eingeladen.	
c.	Er hat	angerufen.	
d.	Sie hat	aufgeräumt.	
e.	Wir haben	ferngesehen.	
f.	Sie haben	studiert.	
g.	Es hat	begonnen.	
h.	Ihr habt	besucht.	
i.	Ich bin	ausgegangen.	

2 Was ist richtig? Kreuzen Sie an.

		ist	*hat*	
a.	Sie	☐	☐	gerade ausgegangen.
b.	Er	☐	☐	im KaDeWe eingekauft.
c.	Sie	☐	☐	erst gestern angekommen.
d.	Er	☐	☐	zu Hause geblieben.
e.	Er	☐	☐	Sehenswürdigkeiten fotografiert.
f.	Er	☐	☐	seine Freunde eingeladen.

3 Bilden Sie Sätze im Perfekt!

a. im Sommer - wir - eine Reise - nach Deutschland - machen

b. am Vormittag - ich - mein Zimmer - aufräumen

c. letzte Woche - ich - meine Freundin in Amerika - anrufen

d. gestern Abend - bleiben - ich - zu Hause

e. das Konzert in der Philharmonie - mir - gut gefallen

4 Bilden Sie Dialoge mit Ihrer Partnerin / Ihrem Partner.

a. wann - du - aufstehen - ? - um sieben Uhr
   ● *Wann bist du aufgestanden?* ■ *Um sieben Uhr bin ich aufgestanden.*

b. wann - du - dein Zimmer - aufräumen - ? - gestern

c. du - schon - spazieren gehen - ? - nein, noch nicht

d. wann - du - ankommen - ? - gestern Abend

e. du - am Samstag - Markus - treffen - ? - ja

f. du - wann - deine Eltern - besuchen - ? - letzte Woche

g. wen - du - zu deinem Geburtstag - einladen - ? - meine Freunde

5 Bitte lesen Sie den Brief und markieren Sie die Verben.

Berlin, den 15. 6. 2008

Lieber Stefan,

die Reise nach Deutschland hat gut begonnen. Gestern bin ich in Frankfurt angekommen. Der Flug von Seoul nach Frankfurt hat ungefähr 11 Stunden gedauert. Am Bahnhof Frankfurt/Flughafen habe ich den Zug nach Berlin genommen. Ich habe ungefähr 4 Stunden im Zug gesessen.

Am Abend bin ich am Berliner Hauptbahnhof angekommen. Ich bin zur Touristen-Information gegangen. Da habe ich mir einen Stadtplan und das Kulturprogramm geholt. Vom Bahnhof habe ich den Bus zum Hotel genommen. Ich war sehr müde. Im Hotelzimmer bin ich sofort eingeschlafen. Erst um 10 Uhr morgens bin ich wieder aufgewacht.

Heute Morgen bin ich in die Stadt gefahren und habe die Stadt besichtigt. Ich habe die Gedächtniskirche und das Brandenburger Tor gesehen. Das Reichstagsgebäude mit der Kuppel darauf habe ich auch besucht. Und ich habe alles fotografiert.

Am Nachmittag bin ich zum KaDeWe gegangen und habe eingekauft. Natürlich habe ich auch ein Geschenk für dich gekauft. Das bekommst du später. Danach habe ich Matthias getroffen. Er ist ein Freund von mir. Er war schon einmal in Seoul und hat dort studiert. Er hat mich zum Essen eingeladen. Wir haben Schlachtplatte (eine Berliner Spezialität) gegessen und Berliner Weiße getrunken.

Das hat mir gut geschmeckt. Nach dem Essen sind wir im Tiergarten spazieren gegangen.
Matthias hat mir viele Tips für die Stadt gegeben.
Am Abend bin ich zum Hotel zurückgegangen.
Es war ein schöner Tag. Jetzt bin ich todmüde. Ich gehe gleich ins Bett.
Morgen geht es weiter nach Potsdam. Hoffentlich klappt dort auch alles gut!

Bis bald
Deine Mina

6 Ergänzen Sie Sätze aus Übung 5.

	Verb 1 *haben / sein*		Verb 2 Partizip Perfekt
Die Reise	hat	gut	begonnen.
Gestern	bin	ich in Frankfurt	angekommen.

7 Sie machen in einer fremden Stadt Urlaub. Bitte schreiben Sie einen Brief an eine Freundin / einen Freund.

a. Wo sind Sie?
b. Was haben Sie dort gemacht?
c. Wie ist das Wetter?
d. Wann kommen Sie nach Hause?

Liebe(r)

...

Viele Grüße
Dein(e)

12

In einer fremden Stadt

A ▸▸ Wegbeschreibung

B ▸▸ In der Jugendherberge

C ▸▸ Grammatik und Wendungen

D ▸▸ Übungen

A Wegbeschreibung

1. Wo ist das?

- Entschuldigung, wo ist eine Buchhandlung?
- Gehen Sie immer geradeaus.

geradeaus
rechts / links
die erste / zweite / dritte Straße

- Entschuldigung, wie komme ich zur U-Bahnstation?
- Gehen Sie die erste Straße links.

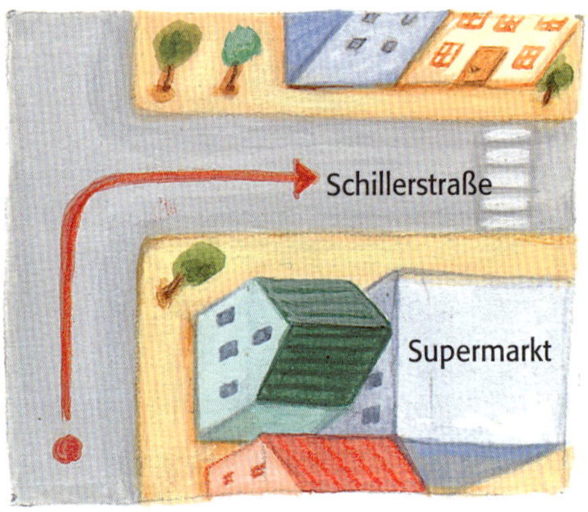

- Entschuldigung, wo ist hier ein Supermarkt?
- Gehen Sie rechts in die Schillerstraße.

- Entschuldigung, wo finde ich hier die Post?
- Gehen Sie hier geradeaus,
  dann die zweite Straße rechts.
  Dort sehen Sie schon die Post.

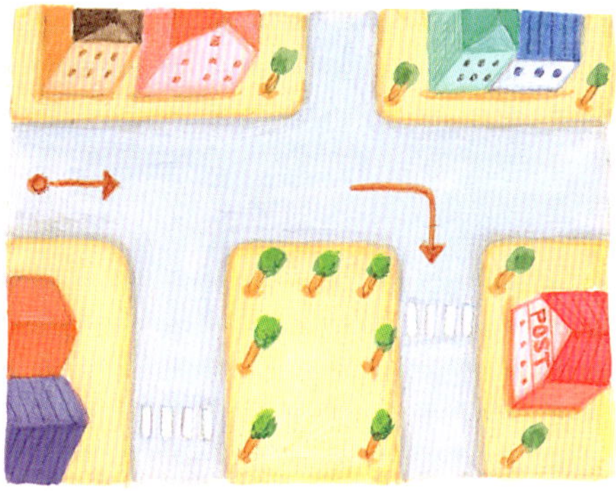

2. Verkehrsmittel

mit dem Bus

mit der Straßenbahn

mit dem Zug

mit der U-Bahn

mit dem Taxi

Fahren Sie mit dem Bus.
Nehmen Sie die Linie 2.

43 3. Wie komme ich zur Jugendherberge?

- Entschuldigung, wie komme ich zur nächsten Jugendherberge?
- Hm, nehmen Sie hier vom Hauptbahnhof die Straßenbahn 9 und fahren Sie zum Bahnhof Deutz. Dann gehen Sie über die Ampel am Ottoplatz.
- Zuerst mit der Straßenbahn 9 bis Deutz, und dann über die Ampel am Ottoplatz.
- Ja, da sehen Sie schon die Jugendherberge.
- Vielen Dank!

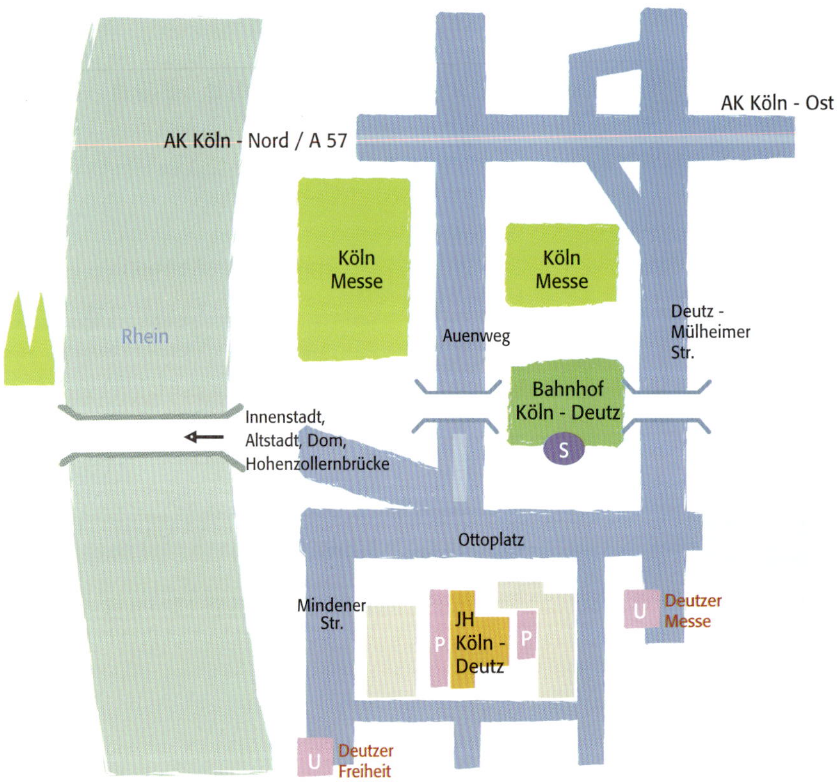

44 4. An der Haltestelle

- Entschuldigung, welche Linie fährt zum Hauptbahnhof?
- Die Linien 1, 2, 3 und 12 fahren direkt zum Hauptbahnhof.

- Wie komme ich zur Post?
- Fahren Sie von hier mit der Linie 3 bis zur Haltestelle Universität.
  Die Post ist gleich neben der Uni. Fragen Sie dort noch einmal.

- Gibt es hier in der Nähe ein Internet-Café?
- Ja, das ist gleich an der Ecke. Gehen Sie 50 Meter geradeaus und dann rechts.

B In der Jugendherberge

1. Informationen über eine Jugendherberge

Lesen Sie bitte den Text und informieren Sie sich über die Jugendherberge.

Raumangebot

7 x 12-Bettzimmer, 7 x 24-Bettzimmer, 6 x 6-Bettzimmer, Eingangshalle mit Internet-Corner, Frühstücksraum, Aufenthaltsraum, Bistro, Disco, Raum mit Waschmaschinen und Trockner, 7 Tagungsräume

Preise (inkl. Bettwäsche)

HP ab 28,80 €
VP ab 33,80 €
(HP=Halbpension, VP=Vollpension)

Sonstiges

Die Jugendherberge ist durchgehend (auch an Weihnachten) geöffnet!
Programmangebote für Schulklassen und Gruppen. Service-Büro im Haus.

Verkehrsverbindung

Nächster Flughafen: Köln/Bonn 12 km
Nächster Bahnhof: Köln-Deutz 100 m
Nächste U-Bahn: Deutzer Freiheit 50 m

Sehenswürdigkeiten

Kölner Dom, Altstadt, historische Bauwerke, Museen, Theater, Musical, große Einkaufsstraßen, Karneval, Köln-Arena (Konzerte, Sportveranstaltungen) 200 m entfernt, Kölner Messe 200 m entfernt.

Was ist richtig oder falsch?

		richtig	falsch
a.	In dieser Jugendherberge kann man das Internet benutzen.	☐	☐
b.	Vollpension heißt eine Übernachtung mit Frühstück, Mittagessen und Abendessen.	☐	☐
c.	Der Preis enthält keine Bettwäsche.	☐	☐
d.	Auch an den Feiertagen ist die Jugendherberge geöffnet.	☐	☐
e.	Die Verkehrsverbindungen sind gut.	☐	☐

Informieren Sie sich über Jugendherbergen im Internet.

www.jugendherberge.de
www.jugendherberge.at
www.jugendherberge.ch

45 2. An der Rezeption

- Guten Abend!
- Guten Abend, ich möchte gerne hier übernachten. Haben Sie noch ein Bett frei?
- Ja, natürlich. Füllen Sie bitte das Formular aus. Wie lange wollen Sie denn bleiben?
- Nur eine Nacht. Was kostet das denn?
- 30,50 €, Frühstück und Bettwäsche inklusive.
- Wunderbar.
- Frühstücken können Sie ab 6 Uhr im Frühstücksraum. Und bitte beachten Sie: Rauchen auf den Zimmern ist verboten.
- Alles klar, kein Problem!
- Darf ich bitte Ihren Reisepass haben?
- Ja, bitte. Hier ist mein Pass.

C Grammatik und Wendungen

1 Lokale Präpositionen

an

neben

in

zu

Die Uhr hängt **an der** Wand.
Köln liegt **am** Rhein.

Der Tisch steht **neben dem** Stuhl.
Die Bank ist **neben der** Kirche.

am = an + dem
zum = zu + dem
zur = zu + der

Die Kirche ist **in der** Baaderstraße.
Gehen Sie links **in die** Baaderstraße!

Fahren Sie mit der Linie 1 **zum** Bahnhof.
Wie komme ich **zur** Post?

2 Wendungen

Gehen Sie geradeaus!
Gehen Sie die erste Straße links / rechts.
Das ist gleich an der Ecke.

Wie komme ich zur Jugendherberge?
Haben Sie ein Einzelzimmer / Doppelzimmer frei?
Füllen Sie bitte das Formular aus.
Welche Linie fährt zur Uni?

D Übungen

1 Hören Sie und ergänzen Sie die Wegbeschreibung.

Die Studentin geht hier die Goethestraße ______________ bis zur Kirche.
An der Kirche geht sie dann ______________ in die Hauptstraße und
weiter ______________ bis zur Kölner Straße.
An der Ecke ist ein Restaurant. Dort geht sie dann ______________
in die Dürner Straße. Da kann sie schon den Bahnhof sehen.

2 Wie kommen Sie nach Hause? Bitte ergänzen Sie.

das Taxi • die U-Bahn • der Zug • die Straßenbahn •
das Flugzeug • das Fahrrad • der Bus

Ich fahre mit __________ ______________ ______________

______________ ______________ ______________ Ich fliege mit __________

3 Ergänzen Sie Präpositionen.

mit • in • neben • an • zur

a. Das Bild hängt ________ der Wand.
b. Das Bett steht ________ der Tür.
c. Zum Rathaus fahren Sie ________ der Linie 2.
d. Das Restaurant ist gleich ________ der Ecke.
e. Die Apotheke steht ________ der Kirche.
f. Wie komme ich ________ Post?
g. Gehen Sie rechts ________ die Kantstraße.
h. Die Jugendherberge ist ________ der Schillerstraße.

4 Internetprojekt:

Sie reisen jetzt nach Wien. Sie suchen eine Unterkunft. Informieren Sie sich über eine Jugendherberge in Wien. Besuchen Sie die Website www.wien.info und beantworten Sie die folgenden Fragen.

a. Wo liegt die nächste Jugendherberge?
b. Wie kann man vom Hauptbahnhof zur Jugendherberge gehen? Beschreiben Sie den Weg.
c. Was kostet das Zimmer pro Nacht? Ist der Preis inklusive Frühstück und Bettwäsche?
d. Was ist der Vorteil dieser Jugendherberge?
e. Kann man sich auf dieser Website über die Sehenswürdigkeiten in Wien informieren? Nennen Sie fünf Sehenswürdigkeiten.

5 Wählen Sie den passenden Satz und ergänzen Sie das Gespräch.

Was kann man hier in der Umgebung unternehmen? • Hat das Zimmer eine Dusche? • Ich möchte ein Doppelzimmer mit Dusche. • Wie komme ich zum Dom? • Wie viel kostet das? • Haben Sie ein Doppelzimmer frei?

Guten Tag,

______________________? → Ja, wir haben noch Zimmer frei.

______________________. → Alle Zimmer bei uns sind mit Dusche und WC ausgestattet.

______________________? → Ein Doppelzimmer kostet 59, 50 Euro inkl. Frühstück und Bettwäsche.

Gut, wir nehmen es.

______________________? → In der Nähe gibt es viele Sehenswürdigkeiten, zum Beispiel den Kölner Dom, das Römisch-Germanische Museum.

______________________? → Es ist ganz einfach. Gehen Sie von hier immer geradeaus über die Brücke in die Innenstadt!

6 Suchen Sie hier 11 Wörter und schreiben Sie auf.

Thema : Reise

A	R	E	I	S	E	N	D	E	G	F
B	A	H	N	G	H	I	L	U	N	O
C	I	K	F	L	U	G	Z	E	U	G
R	P	P	O	S	T	K	A	R	T	E
U	T	A	R	O	M	A	U	T	O	M
W	V	R	M	S	R	M	E	E	R	Q
Y	E	K	A	F	G	E	C	B	A	Z
D	H	E	T	O	U	R	I	S	T	I
K	G	N	I	J	L	A	N	O	Q	U
W	T	Z	O	O	R	S	V	M	P	Y
X	E	D	N	A	W	E	R	T	U	S

REISEN

____

____

____

____

____

____

____

____

____

____

Hörtexte

Lektion 1

E. 9 (6)

Guten Abend! Tag! Auf Wiedersehen! Gute Nacht! Nacht!

E. 10 (7)

a. Müller b. Schmidt c. Meyer d. Beethoven e. Goethe

Lektion 2

E. 8 (13)

A: Hallo, Thomas!
Wie ist deine Telefonnummer?
B: Meine Telefonnummer?
Moment ··· 42135980
A: Wie bitte?
B: 4-2-1-3-5-9-8-0
A: Danke.

Lektion 5

B. 4 (23)

- ■ Guten Tag!
- ● Guten Tag! Sie wünschen?
- ■ Ich hätte gern Schinken.
- ● Und wie viel?
- ■ Ein Pfund, bitte.
- ● Haben Sie noch einen Wunsch?

- ■ Ja, ich möchte noch 100g Käse.
- ● Sonst noch etwas?
- ■ Was kostet das Brot?
- ● Ein Kilo kostet 3, 80 Euro.
- ■ Dann bitte ein Pfund.
- ● Noch etwas?
- ■ Nein, danke. Das ist alles.
- ● Das macht zusammen 5 Euro 80.
- ■ Hier 10 Euro, bitte.
- ● Und 4 Euro 20 zurück.
- ■ Auf Wiedersehen.
- ● Auf Wiedersehen.

24 D. 2

Sehr geehrte Kunden!
Heute haben wir für Sie im Angebot:
einen Becher Joghurt für nur 28 Cent,
eine Flasche Milch nur 80 Cent,
eine Flasche Bier heute nur 99 Cent.
Aus unserer Fleisch- und Wursttheke:
ein Rindersteak für 2,99 €,
100g Schinken für 0,50 €.
Wir wünschen Ihnen einen guten Einkauf!

Lektion 6

27 B. 5

(mit dem realen Geräusch im Restaurant)

Kellner: Guten Tag. Was darf es denn sein?
Gast: Die Speisekarte, bitte.

Kellner: Möchten Sie zuerst was trinken?
Gast: Ein Mineralwasser, bitte.
(Pause)
Kellner: So, einmal Mineralwasser. Bitte schön. Und was hätten Sie gern? Haben Sie sich schon entschieden?
Gast: Ja. Ich hätte gern einen Schweinebraten.
Und als Nachspeise nehme ich ein Eis.
Kellner: Alles klar.

28 **D. 6**

a. Was darf es denn sein? - Einen Apfelsaft, bitte.
b. Möchtest du Tee? - Ja, gern.
c. Was bezahlen Sie? - Ich bezahle den Kaffee.
d. Meine Familie isst gern Pizza.
e. Die Übung ist nicht schwer.

Lektion 7

30 **C.**

(mit dem realen Geräusch im Kaufhaus)

■ Guten Tag! Was kann ich für Sie tun?
● Ich suche einen Jogginganzug. Wo kann ich einen finden?
■ Jogginganzüge? Die finden Sie im 2. Stock. Da ist unsere Sportabteilung.
● Danke!
(Die Kundin geht nach oben und findet die Sportabteilung.)
◆ Guten Tag! Kann ich Ihnen helfen?
● Ja! Ich suche einen Jogginganzug.
◆ Wie finden Sie den?
● Den finde ich sehr schön. Darf ich mal anprobieren?
◆ Selbstverständlich! Die Umkleidekabinen sind da hinten.
● Das passt mir sehr gut. Hm …. Aber der kostet 97 Euro.

Lektion 8

32 B.

vier Uhr dreißig, sechs Uhr zwölf, neun Uhr dreiundfünfzig, fünfzehn Uhr achtundzwanzig, zwölf Uhr zehn, sieben Uhr fünfzehn, dreiundzwanzig Uhr neunundfünfzig, siebzehn Uhr zweiunddreißig, dreizehn Uhr vierundzwanzig

Lektion 9

37 C. 4.

Am Donnerstag meist bewölkt und regnerisch in Ost- und Süddeutschland bei 5 bis 12 Grad. Im Westen Sonnenschein bei 9 bis 14 Grad, am Freitag überall sonnig und nicht mehr windig.

38 E. 4.

a. Heute ist es sonnig.
b. Im Winter schneit es.
c. Sie geht in die Schule.
d. Er macht Sport.
e. Die Sonne scheint.
f. Ihr wisst das schon.
g. Das schmeckt gut.
h. Wie spät ist es?
i. Er geht gern spazieren.
j. Ich esse gern Pizza.
k. Ich gehe schwimmen.
l. Er weiß das.

Lektion 10

41 B. 4

- ■ Hallo, Markus!
- ● Hallo, Mina! Hey, wo warst du gestern Abend?
- ■ Wieso? Ich war zu Hause. Moment mal, ja, stimmt. Ich war kurz in der Stadt.
- ● Ach so. Und? Hast du was Schönes gekauft?

■ Ja. Ich habe für meinen Bruder ein Geschenk gekauft. Er hat bald Geburtstag. Im Juli.
● Und was hast du denn gekauft?
■ Eine Badehose. Er geht sehr oft schwimmen.

Lektion 11

42 B. 1

● Tina Schweiger.
■ Hallo, Tina. Ich bin's.
● Hallo, Mathias.
■ Na···, wie geht's dir? Bist du gut in Berlin angekommen?
● Ja, Dienstagabend.
■ Und was hast du denn bis jetzt gemacht? Hast du schon die Stadt besichtigt?
● Nein, noch nicht. Ich habe meine Tante besucht und wir haben zusammen Kaffee getrunken. Danach habe ich gelesen.
■ Ach ja. Was hast du sonst gemacht? Du gehst doch gern in die Kneipe oder in die Diskothek. Ich habe gehört, in Berlin ist eine Menge los.
● Nein, überhaupt nicht. Das Wetter ist im Moment so schlecht. Ich habe keine Lust bei diesem Wetter. Außerdem... ich kenne hier sowieso niemanden. Hier habe ich keine Freunde.
■ Du Arme···, wie ist das Essen? Bekommst du wenigstens gutes Essen?
● Das Essen schmeckt mir auch nicht. Ich habe bis jetzt auch nicht viel gegessen.
■ Du Ärmste. Dann komm schnell wieder nach Hause.
● Ich vermisse dich.
■ Ich dich auch.

Lektion 12

D. 1 (46)

- Entschuldigen Sie bitte! Wie komme ich zum Bahnhof?
- Gehen Sie hier die Goethestraße geradeaus bis zur Kirche. An der Kirche dann rechts in die Hauptstraße. Gehen Sie weiter geradeaus bis zur Kölner Straße. An der Ecke ist ein Restaurant. Dort dann links in die Dürner Straße. Da können Sie schon den Bahnhof sehen.
- Also, ich gehe hier …

이화여자대학교 독일어교재편찬위원회

위원장 이난희
서울대학교 문리과대학 독어독문학과 졸업
독일 뮌헨대학교 수학 (독어독문학)
독일 함부르크대학교 수학 (언어학, 독어학, 음성학)
독일 함부르크대학교 Dr. phil. (언어학)
독일 쾰른대학교 독어독문학과 초빙교수
이화여자대학교 독어독문학전공 교수
한국독어학회 회장 역임
현재 이화여자대학교 명예교수
한국텍스트언어학회 자문위원

위 원 김연수
독일 쾰른대학교 Dr. phil. (독일문학)
Goethe-Institut Großes Deutsches Sprachdiplom
현재 이화여자대학교 이화인문과학원 HK 교수

유수연
독일 빌레펠트대학교 Dr. phil. (DaF)
전남대 유럽지역학연구소 전임연구원 역임
현재 이화여자대학교, Goethe-Institut Korea 출강

진일상
독일 레겐스부르크대학교 Dr. phil. (독일문학)
서울대학교 인문학연구원 연구교수 역임
제11회 한독문학번역상 수상
현재 홍익대학교 출강

최지영
독일 쾰른대학교 Dr. phil. (독어학)
건국대학교 언어인지과학연구소 연구원 역임
현재 이화여자대학교 독어독문학전공 교수

위원(가나다순)

Auf *Deutsch,* bitte!

펴낸날 1판 1쇄 2008년 2월 29일
6쇄 2016년 8월 19일
지은이 이화여자대학교 독일어교재편찬위원회
펴낸이 김훈순
펴낸곳 이화여자대학교출판문화원
주소 서울시 서대문구 이화여대길 52 (우 03760) _ **등록** 1954년 7월 6일 제9-61호
전화 02-3277-2965(편집) 02-362-6076(마케팅)
팩스 02-312-4312 _ **전자우편** press@ewha.ac.kr _ **홈페이지** www.ewhapress.com
디자인 (주)이환D&B _ **찍은곳** 네오프린텍

ⓒ 이화여자대학교 독일어교재편찬위원회, 2008

ISBN 978-89-7300-771-4 13750

값 15,000원 (CD포함)

* 잘못된 책은 바꾸어 드립니다.
* 『기본 독일어 단어장 · 해답』은 별책으로 판매합니다.